戴老师教童诗

戴灿辉 / 编著

图书在版编目（CIP）数据

月亮集：戴老师教童诗/戴灿辉编著.—北京：知识产权出版社，2019.9
ISBN 978-7-5130-6427-9

Ⅰ.①月… Ⅱ.①戴… Ⅲ.①儿童诗歌—诗歌创作 ②儿童诗歌—诗集—中国—当代 Ⅳ.①I058 ②I287.2

中国版本图书馆 CIP 数据核字（2019）第 188856 号

内容简介

戴灿辉老师毕业于中山大学汉语言文学专业，南粤优秀教师，语文高级教师，从事一线语文教学工作数十年，在教学工作中探索并指导孩子创作儿童诗。从阅读和模仿开始，引导学生感受童诗的节奏韵律之美、童趣美和意境美。本书紧贴小学生进行诗歌创作的要点，提示关键的创作方法、技巧，并选编优秀童诗进行示范，符合孩子、家长和教师进行儿童诗创作和指导的需求。

责任编辑：张冠玉　　　　　　　　　　　　责任印制：孙婷婷

月亮集：戴老师教童诗
YUELIANG JI: DAILAOSHI JIAO TONGSHI

戴灿辉　编著

出版发行：知识产权出版社有限责任公司	网　　址：http://www.ipph.cn
社　　址：北京市海淀区气象路 50 号院	邮　　编：100081
责编电话：010-82000860 转 8699	责编邮箱：laichushu@cnipr.com
发行电话：010-82000860 转 8101	发行传真：010-82000893/82005070
印　　刷：北京建宏印刷有限公司	经　　销：各大网上书店、新华书店及相关专业书店
开　　本：787mm×1092mm　1/32	印　　张：7.375
版　　次：2019 年 9 月第 1 版	印　　次：2019 年 9 月第 1 次印刷
字　　数：160 千字	定　　价：49.00 元

ISBN 978-7-5130-6427-9

出版权专有　侵权必究
如有印装质量问题，本社负责调换。

序言

从少年时代起，童诗就是我心灵的栖息地，它如同一位与我形影不离的朋友，经常陪伴我进入甜蜜的梦乡。现在回想起来，一抹淡淡的温馨仍停留在我的心田，触动着我的灵魂，童诗带给我最纯真、最自由、最快乐的感受。

长大后当了一名教师，我开始尝试指导孩子们学习童诗，创作童诗。儿童文学作家樊发稼老师说过："一首契合儿童心性的好的童诗可以为一个人的一生抹上一种色彩，烙上一个印记，带来一种节奏。"我希望我对孩子们童诗的启蒙教育，也能给孩子们的人生抹上一种色彩，烙上一个印记，带给他们温馨的回忆。童诗的语言高度凝练，富有韵律节奏感，极有抒情性和意境美，是人类语言的升华，是智慧和精神的结晶。在陪伴孩子们阅读童诗的过程中，我和孩子们都爱上了童诗，并一起开始了童诗的创作。

翻开孩子们写的这本小诗集，循着孩子们的心灵轨迹，我看到了他们丰富的内心世界，我的心灵也如开始了一次独特的旅行。在孩子们的眼中，太阳公公是爱喝酒的爸爸，月亮婆婆是爱生气的妈妈,地球宝宝是爱运动的娃娃,小花和蜜蜂结下了深厚的友谊……大自然中的一切都是有灵性的,一切都是富有情感的。自然界的花草树木,风霜雨雪,生活中的喜怒哀乐,在孩子们的笔下恣意呈现。孩子们的串串诗行,洋溢着童心童趣,充满着他们对生活的热爱与思考。

每一个孩子都是天生的诗人,但如果没有老师的发现,没有老师的引导,天生的诗性可能会被泯灭。童诗教学与创作的研究具有广阔的前景,值得我们继续深入研究,不断探索。让我们一起努力!让我们的孩子们在诗意的校园里徜徉,永葆心灵的清纯与灵动。

目录 CONTENTS

上篇　童诗欣赏
- 童诗的韵律美 ... 003
- 童诗的童趣美 ... 026
- 童诗的意境美 ... 039

中篇　童诗创作
- 善想象 ... 093
- 细观察 ... 136
- 勤修改 ... 163
- 巧模仿 ... 169

下篇　童诗作品欣赏 ... 224

后记·诗教之路 ... 227

参考文献

上 篇
童│诗│欣│赏

童诗的韵律美

小学诗歌欣赏课教学的终极目标，是培养学生的审美意识和审美能力。

如何在阅读中培养学生的审美意识和审美能力呢？

童诗虽以浅语为贵，但是在阅读时小孩子不一定能体会诗的节奏音乐之美，不一定能理解童诗的情感和意思，也未必能体会诗的意境。童诗阅读课的目的就是通过阅读，引发孩子们学会欣赏，激发孩子们读诗的兴趣。兴趣是最好的老师，只要让孩子们喜欢上了童诗，孩子们动笔写童诗就不难了。

"听"是儿童学习的重要途径，幼儿诗歌是一种听觉艺术，为儿童所喜爱。历史上，诗与乐有很久的渊源，诗、乐与舞蹈原来是混为一体的混合艺术，三者都离不开节奏。中国童谣更是以节奏美和声响美见长，为幼儿所喜爱，所以童诗从它诞生的第一天起，就和音乐紧紧地联系在一起，要不怎么被人们称为诗歌呢？诗歌当然有音乐性，魏尔伦在《诗艺》里大声疾呼："音乐呀，高于一切！"这说明了音乐节奏之美在诗中的重要地位。诗的音乐性，说得直白一点，就是声响美，而且这个声响美是与节奏美互相联系在一起的。

对生命本身来说，人体各种器官的机能都自成节奏，如心脏有规律地跳动，脉搏的起伏、血液的循环等。所以说，节奏也是一种自然需要，生理的节奏会引起心理的节奏。人的喜怒哀乐会引起生理节奏的改变，所以诗和音乐是能打动人心的，它是心与物相容的结果。节奏是诗歌的灵魂，节奏是诗歌的生命。一首好诗，读起来必然朗朗上口，这是身心愉悦的需要。诗的节奏在诗歌中则表现为诗的语言的声音的高低、长短、轻重、疾徐。诗所用的声音是语音的声音，而语音的声音必须伴有意义。童诗情感凝练，具有节奏韵律之美，这是童诗的文体特征。童诗讲究韵律节奏之美，朗读欣赏童诗时老师要引导孩子们体会这种韵律之美，读出节奏之美。

童诗的节奏韵律表现在押韵上。押韵就是同一韵脚在同一位置反复出现，使得各句诗行给人以声音的回味，在篇章上构成一个整体，使得诗歌在形式上更为完整集中、更具美感，促进情感的抒发和意境的创作。

《小猴滚楼梯》

诗 / 薛卫民

猴,

猴,

上高楼,

一落脚,

踩着球,

叽里咕噜滚下楼,

小猴爬起嘻嘻笑,

它说练练翻跟头。

戴老师点评

  这首诗是借描写猴子爬楼的形象反应孩子生活的物象歌。下楼梯时踩着球,自然是要摔跟头的,但是摔倒后没有哭,而是笑嘻嘻地爬起来,自嘲地说自己是练练翻跟头。一个顽皮、淘气、坚强的小孩形象出现在我们的面前,也通过童诗告诉了小朋友如何面对挫折。这首诗留给大家如此深刻的印象与这首诗的语言具有节奏美是分不开的。诗的开头"猴,猴,上高楼"用极具节奏感的语言给我们形象生动地描绘了一个孩子爬楼的画面。"一落脚,踩着球"语言对称,具有节奏美。"叽里咕噜滚下楼,小猴爬起嘻嘻笑,它说练练翻跟头"诗行整齐,读起来朗朗上口。诗前面压"ou"韵,后面转韵"ao",使整首诗具有韵律、节奏之美。

圆圆的地球

月亮湾小学　新苗文学社　纪贤聪

地球圆圆，

爱转圈儿，

一转就是，

一天整儿。

地球圆圆，

爱跑步儿，

绕着太阳，

一跑就是，

一年整儿。

戴老师点评

　　这首小诗整体四个字、四个字地排列，诗行整齐，句子与句子对称、押韵，读起来朗朗上口，具有节奏感，体现了音乐的美。在小诗人眼里，地球像个和自己一样顽皮的孩子，长得圆圆胖胖的，也是爱动、爱淘气的孩子。一动起来，一天就过去了，一动起来，一年就过去了，小作者抓住了地球运动的特点，使全诗充满了童心童趣。

童诗的节奏美还体现在诗句的语音和停顿中。诗歌中，声音高低，长短、轻重、疾徐有规律的变化能表现节奏的美。

扮老公公

诗 / 圣野

老公公，
出来了，
白胡子，
白眉毛。
点点头，
弯弯腰，
脚一滑，
摔一跤。
一摸胡子掉下来，
乐得大家哈哈笑。

戴老师点评

这首诗的情趣，固然来自作者的选材与构思，但也不能忽视它语言上的节奏感。作者用一连串的短句，几乎每一句都写了动作，突出了小主人公动作的紧凑与连贯性；诗中很少用副词和形容词，这就避免了拖泥带水的细枝末节，使得这首诗的"主旋律"很突出。这首诗的语言简洁流畅洗练，因而坚实有力，具有艺术的表现力和音乐性。

可爱的小猫

月亮湾小学　新苗文学社　李普坤

小猫小猫,

你真可爱。

爱吃小鱼和青菜。

小猫小猫,

你真可爱,

到了夜晚,

就把老鼠来捉。

小猫小猫,

脚步轻轻,

爱把人跟,

我就爱你,

做我的小跟屁虫。

小猫小猫,

实在可爱,

不知为何,

邻家的小狗,

为什么不和我一样来把你爱。

戴老师点评

　　这首小诗节奏感强,读起来很有韵味。小诗人用具有童心童趣的语言,写出了对小猫的喜爱。如"我就爱你,做我的小小跟屁虫""不知为何,邻家的小狗,为什么不和我一样把你来爱"充满了童心童趣。为小诗人点赞!

绘图:月亮湾小学　五(5)班　王禹睿
绘图指导教师:吴蕊

螳螂哥哥

月亮湾小学　新苗文学社　黄文意

螳螂哥哥，

你真帅，

小蛮腰，

竹签腿，

还有一个漂亮的小脸蛋。

不仅长得帅，

而且武功好，

神刀手，

飞天腿，

哪个能有你神气。

戴老师点评

这首小诗读起来朗朗上口，节奏感强，富有诗的韵味。小诗人语气调皮幽默，把螳螂用拟人的方式来描写，"不仅长得帅，而且武功好，神刀手，飞天腿，哪个能有你神气"。比喻新奇，具有童趣，读起来让人觉得轻松愉快！

蚂蚁搬家

月亮湾小学　新苗文学社　周宇昂

别看蚂蚁个头小，
　力气可不小，
成群结队来搬家，
轻轻松松搬完家，
你说厉害不厉害？
蚂蚁可是小益虫，
我们一起来爱护。

戴老师点评

　　这首小诗写的浅白易懂，节奏感强，读起来音韵疏朗，让人感受到诗歌的音乐美！

童诗的节奏美体现在内容和情感的反复咏叹中。反复咏叹是儿童诗的一种修辞手法,是根据表达需要有意让一个句子或词语重复出现的修辞手法。反复是为了强调某种意思,突出某种情感。适用反复咏叹的修辞手法使得格式整齐有序。

时光

月亮湾小学　新苗文学社　杨湘君

时光呀,

时光,

请你慢些走,

请不要在妈妈的美丽的面颊划过道道皱纹。

时光呀,

时光,

请你慢些走,

请不要在妈妈的头上留下缕缕白发。

时光呀,

时光,

请你慢些走,

请不要让我们在学习上留下丝丝遗憾,

让我们重新好好珍惜你。

戴老师点评

　　小诗人通过对时光的反复挽留，表达了小诗人心中的愿望，希望妈妈少添白发，希望妈妈少些皱纹，希望自己在学习上不要留下遗憾。这首小诗三个小节前面都直抒胸臆"时光呀，时光，请你慢些走……"通过反复咏叹，表达了对时光流逝的遗憾和对时光的珍惜，体现了诗的音乐美．

绘图：月亮湾小学　五（5）班　林文娟
绘图指导教师：吴蕊

摇篮曲

月亮湾小学　新苗文学社　周宇隆

小宝宝，
快快睡，
宝宝你别哭，
摘个月亮与你玩，
小宝宝，
快睡觉，
我来把你轻轻摇，
摇到梦里的外婆桥，
桥上有个小王子，
小王子，点灯笼，
来看咱们的小宝宝。

戴老师点评

　　这首诗具有音乐感、节奏感。小诗人用轻柔的语调，细声细语地劝慰宝宝别哭，让我摘个月亮与你玩，宝宝别哭，让我摇你到梦里的外婆桥，桥上有个小王子，点着灯笼来看我们的小宝宝。由小哥哥写的摇篮曲，有没有觉得特别有意思呢？

吹泡泡

月亮湾小学　新苗文学社　薛文清

吹泡泡，
吹泡泡，
吹了一个小泡泡。
太阳出来了，
五光十色真好看。
吹泡泡，
吹泡泡，
吹了一个又一个，
我们继续吹泡泡，
大家玩得真开心。

戴老师点评

　　小诗人用反复的手法，如"吹泡泡，吹泡泡，吹了一个小泡泡"来表达自己吹泡泡的快乐，语言欢快，表达了小诗人玩耍时的开心。

童诗的节奏美还体现在对称的语言、整齐的诗行上。如,月亮湾小学新苗文学社普天泽写的《大手牵小手》。

大手牵小手

月亮湾小学　新苗文学社　普天泽

大手是爸爸,
小手是我,
大手牵小手,
走在小路上。

小猫见我招招手,
小狗见我点点头,
小鸟见我喳喳叫。

我对小猫招招手,
我对小狗点点头,
我对小鸟眯眯笑。

大手牵小手,
永远不分离。

戴老师点评

小诗人表面上是写大手和小手，不如说是在写小诗人和爸爸，小诗人写出了和爸爸手牵手，不分离的幸福与快乐，连小猫、小狗、小鸟都好像在与我打招呼。这首诗最大的特点就是诗行特别整齐，具有音乐美。

秋之旅

月亮湾小学　新苗文学社　曾伊琳

秋姑娘坐着大风车,
带着她的魔法棒,
经过枫树林,
神奇的魔法棒一挥,
树林里的枫叶,
都纷纷披上了大红袍子。
枫树说,
你是我的设计师。

秋姑娘坐着大风车,
带着她的魔法棒,
来到了苹果园,
神奇的魔法棒一挥,
果园里的果树,
都纷纷挂起了红灯笼。
果树说,
你是我的设计师。

戴老师点评

　　小诗人把秋天比作魔术师,坐着大风车,带着她的魔法棒,她走到哪里,哪里就神奇地变了模样。它像优秀的设计师,把大地上的一切改变,小诗人把秋天硕果累累的这一自然现象写得生动活泼,充满童心童趣。这首小诗在诗的内容上反复咏叹,体现了诗的音乐美。

绘图:月亮湾小学　五(5)班　毛睿
绘图指导教师:吴蕊

男孩与蜜蜂

月亮湾小学　新苗文学社　蒋乐乐

蜜蜂像你,
你像蜜蜂……
"嗡嗡嗡嗡"地说话。
没有背人的言语,
一捧深深的感情,
相处和海一样深。

你们一起欢笑,
你们一起奔跑,
油菜花丛中,
流下了你们,
一路的欢歌。
蜜蜂"嗡嗡嗡嗡",
就是在和你说话。
你默默地凝视,
传递着你的深情。

蜜蜂爱你,
你爱蜜蜂……

戴老师点评

　　小诗人把小蜜蜂当作自己的朋友来写,描写了和小蜜蜂一起欢笑的快乐,表达了小诗人对自由生活和大自然的热爱。小诗人在整首诗中,反复用"蜜蜂像你,你像蜜蜂/蜜蜂爱你,你爱蜜蜂"抒发情感,体现了诗的音乐美。

绘图:月亮湾小学　五(5)班　李嘉怡
绘图指导教师:吴蕊

我想

月亮湾小学　新苗文学社　张天宇

我想把眼睛安在小鸟身上，

看看蔚蓝的天空，

美丽的白云，

让我知道天空有多大。

我想把耳朵安在大海上，

听听鱼儿的谈话，

听听大海的声音。

我想把眼睛鼻子安在梅花上，

看看她在冬天里的坚强，

闻闻她在冬天里的芳香。

我想把嘴巴安在动物身上，

让他们能跟我们交流，

跟我说说他们的心里话。

戴老师点评

小诗人想把眼睛安在小鸟、大海、梅花、动物身上，想看蓝天白云，听鱼儿谈话，闻梅花的清香，与动物说说心里话。通过神奇的想象表达了自己的愿望，诗作反复用"我想，我想"来抒发自己的情感，使这首童诗具有了音乐的美感。

女孩与木棉

月亮湾小学　新苗文学社　王宇宸

木棉像你

你像木棉

一样有成长的过程

一样都有鲜艳的颜色

每天都是开心的绽放

你像木棉

木棉像你

从未有过悲伤与分别

从未有过凋零与枯萎

永远都是开心和欢乐

木棉像你

你像木棉

戴老师点评

　　小诗人通过女孩与木棉的相似之处，反复吟咏，表达了对小女孩的喜爱之情，写出了童诗的节奏美，读起来顺耳顺口，富有音乐感。

童诗的节奏美体现在叠音词的使用上。诗歌讲究韵律、节奏,读诗的时候还要特别注意叠音词,注意合理停顿,读出诗的节奏感。如林焕彰的《蜻蜓》。

蜻蜓

诗 / 林焕彰

池塘里的水清清

池塘里的水静静

池塘里的水呆呆的

呆呆地看着蜻蜓

戴老师点评

这首诗里就用了大量的叠词,比如"清清""静静""呆呆的"这些叠音词使童诗富有节奏美,更增添了一种童趣美。

鼓噪的青蛙

月亮湾小学　新苗文学社　邹嘉惠

轻轻地，

轻轻地，

夏天的夜晚，

在夜幕的掩护下，

悄悄地，

悄悄地来了。

借着夜幕的掩护，

小青蛙又开始了它放肆的鼓噪，

呱呱呱……

你烦不烦人呀，

叫得这么大声，

你自以为是做演讲的料吗？

戴老师点评

　　小诗人运用了拟人的手法，通过与夏夜的静对比，写出青蛙的鼓噪，也表达了小诗人在这个夏日夜晚的心烦意乱。比如"叫得这么大声，你自以为是做演讲的料吗"体现了小诗人的童心童趣。童诗的节奏美还体现在叠音词的运用，"轻轻地""悄悄地""呱呱呱"这些叠音词使这首童诗富有了节奏美。

童诗的童趣美

童趣即儿童的生活情趣。童趣是童诗的一个重要语言和艺术特征。一首童诗读出来能让孩子们觉得有趣，令人发笑，那么这首童诗就具有童心童趣了。当然，一首童诗首先是诗，得具备诗的特征，必须具有诗的情韵情致，有诗的意象和韵律，简单来说必须具有诗味。童诗虽说是一种浅语的艺术，但一首好的童诗必须是耐读的，留给读者想象的余地，童诗也必须像音乐一般带给读者余音绕梁的感觉。

童诗传递儿童心声，表现儿童心理，体现儿童情感。童诗是对儿童生活和儿童情感的高度集中的艺术表达。所以，在童诗中，没有复杂的社会生活需要表达，也没有晦涩难懂的情感需要表达，有的只是单纯的、富有儿童灵性的生活和情感。生动、活泼、有趣、易懂是儿童审美的需求。儿童看待世界、看待问题与成人不同，以抒发儿童内心情感为主要任务的童诗必须体现与儿童审美相一致的趣味和情调，必须是契合儿童思维和生活实际的个性化的语言，必须天然具有儿童情趣，必须表现儿童的天真、活泼、烂漫、任性。

在孩子们眼中，一切都是有灵性的，一切都是有生命的，一切都是有情感的。孩子在生活中随时随地都在与大自然的一切，乃至整个宇宙的一切进行交流、进行对话，他们的想象是奇特的，他们的思维与诗人相契合，所以说儿童是天生的诗人。孩子们天生对世界上的一切都充满了好奇，充满了求知的欲望，充满了探索的欲望，孩子的童年是丰富多彩的，他们的童趣表现在方方面面，也许是一个简单的引人发笑的提问，也许是一次偶尔的任性，也许是调皮的那么一瞬间，也许是在他们游戏逗乐时，甚至有时一次孩子们的吵嘴，也叫人忍俊不禁，这些都是童趣。尽管他们有时候表现得有点没心没肺，有点任性顽皮，有点叫人哭笑不得，但写出来，还是会让你爱不释手，开怀一笑。如美国诗人谢尔·希尔弗斯坦的《大人免进》。

大人免进

诗 / 谢尔·希尔弗斯坦

大人免进
我们正玩得开心
不愿意再听见
"不要"或者是"小心"
大人免进
我们正在成立社团
可秘密的誓言
可不能让大人听见
大人免进
我们要出去到比萨饼店
只有我和我的伙伴
所以请你们待在一边
什么,现在要付钱
大人优先

戴老师点评

　　这首诗用孩子任性的口吻写出了许多孩子们的共同心声,他们希望脱离父母的管束,需要自由自在的生活。结尾一句:"什么,现在要付钱／大人优先"这是鲜活的原生态语言,幽默地写出孩童的小狡诈,想自由又无法脱离大人的帮助,富有童心童趣。从这首诗可以看出,童诗的童趣可以从儿童的玩乐和游戏中体现。

绘图:月亮湾小学　五(5)班　林文娟
绘图指导教师:吴蕊

童诗的童趣还可以从儿童的观察和想象中捕捉。比如，韦娅的《太阳雨》：

太阳雨

诗 / 韦娅

看啊
天空飞起了
歌儿般的细雨
可太阳
却不肯让步
在白蒙蒙的天空中
露出了小红脸儿
哇 那是一场太阳雨啊
太阳雨
太阳雨
快披上小斗篷
踩着一地的阳光
到雨中去旅行呀

戴老师点评

在这首诗中诗人用孩童的眼睛去观察，用儿童天真、稚拙的语言描述了大家都熟悉的太阳雨，并从儿童的视角展开了丰富的想象，让太阳雨披上小斗篷，踩一地的阳光，让大自然的景色鲜活起来了，带给读者愉快的心情，儿童美好的情怀也得到了体现。再看，鲁兵的《不知道和小问号》。

绘图：月亮湾小学　五（5）班　毛睿
绘图指导教师：吴蕊

不知道和小问号

诗 / 鲁兵

有个小朋友，
名叫不知道。
一天大清早，
碰见小问号。
小问号问这又问那，
不知道都说："不知道！"
问他一百个"为什么"，
他说一百个"不知道"。
小问号，好心焦："你是怎么啦，尽说不知道！"
不知道，笑了笑："我的名字嘛，就叫不知道！"
小问号，皱眉头："你呀，啥也不知道，这可怎么好！"
不知道，把头摇："你问这可怎么好？我也不知道。"
小问号，
跳一跳，
跳进不知道的小书包，
跟着他到处跑，

跟着他上学校。
小问号,
一看见不知道把头摇,
就知道,
不知道要说:"不知道!"
连忙伸出小脑袋,
问这问那问个没完没了。
不知道越听越有味,
把人家的话统统记牢。
不知道和小问号,
做了好朋友。
以后怎么啦?
不知道改名叫都知道。

戴老师点评

　　这首诗一开头就叫人忍不住发笑,"不知道"和"小问号"在诗人的笔下成了两个活泼可爱的小朋友,它们之间有什么事情发生呢?诗人在叙事中设置了一个悬念,吸引小读者继续读下去,这就是童诗的魅力,这就是童诗的童趣。对于一些经典的童诗,我们可以学习模仿,在学习与模仿中捕捉童趣。

总的来说，童诗是诗人从自己丰富多彩的生活中提炼出来的，用生动的形象和诗化了的儿童语言写出生动活泼且充满童心童趣的诗作。请每一位教童诗的老师不要忘记，让每一个孩子都保持一颗诗心，让孩子们融入大自然，融入生活和游戏中去，让他们带着自己的感受，捕捉生活游戏中的童趣，捕捉大自然的童趣。

我们要养成写日记的习惯，很多著名的作家和诗人，都有从小记日记的习惯，日记当中记录的点点滴滴就是他们创作的源泉与创作的灵感的来源。当然，学习和模仿名家的创作是必需的，那是我们童诗学习路上的指路明灯，站在前人的肩膀上，会让我们走得更高走得更远。比如，月亮湾小学新苗文学社康俊荣的《爱捉迷藏的拖鞋》。

爱捉迷藏的拖鞋

月亮湾小学　新苗文学社　康俊荣

我有一双，
小小的拖鞋，
可爱又淘气，
它总爱跟我捉迷藏，
让我找不着它。
清晨，
我刚起床，
它又不见了，

我到处寻找，

难道它也喜欢这晨曦初照的早晨，

在和露珠说悄悄话？

还是和我一样贪玩，

在跟蝴蝶玩耍？

远处，传来小花猫的叫声，

原来是淘气的小花猫，

把它叼到了桌子底下。

戴老师点评

这是一首反应孩子生活的物象诗，"拖鞋"身上有自己的影子，可爱又淘气，"跟我捉迷藏"实际上也体现了小诗人平时的丢三落四，经常找不着它。在小诗人眼中，这是在和自己捉迷藏，一声猫叫打破了诗人的幻想，原来失踪的拖鞋只是被小花猫叼走了。

简单的生活小事，写出了不简单的故事。"拖鞋"也喜欢这晨曦初照的早晨，"在和露珠说悄悄话？还是和我一样贪玩？在跟蝴蝶玩耍"，夸张的想象与美好的幻想体现了小诗人的童心童趣，赞！

螃蟹

月亮湾小学　新苗文学社　尹浩

螃蟹！螃蟹！
你为什么嘴吐白沫？
是不是刚刚吃过午餐，
正在刷牙漱口，
螃蟹！螃蟹！
你为什么嘴吐白沫，
是不是馋得直流口水，
想吃我手里的大苹果。

戴老师点评

螃蟹！螃蟹！你嘴吐白沫？是不是在刷牙。螃蟹！螃蟹！你为什么嘴吐白沫，是不是想吃我的大苹果。小诗人想象丰富，语言质朴、幼稚，充满童心童趣，叫人忍不住地想发笑。

爱臭美的椰子树

月亮湾小学　新苗文学社　宋晓

有一棵椰子树，
总爱把自己打扮得很漂亮，
带着翠绿的皇冠，
穿着绣满花纹的衣裳，
还穿上了金色的鞋子，
真是一棵爱臭美的椰子树。

戴老师点评

这是一首充满童趣的小诗，在小诗人眼中，小椰子树也是爱臭美的，总是把自己打扮得很漂亮，带着翠绿的皇冠，穿着绣满花纹的衣裳，还穿上了金色的鞋子，确实够臭美。小朋友，你是不是从小椰子树身上也看到了自己的影子呢？

绘图：月亮湾小学　五（5）班　周悦
绘图指导教师：吴蕊

爱偷东西的乌鸦

月亮湾小学　新苗文学社　李秋澜

我的珍珠不见了，
妈妈的耳环也不见了，
弟弟的手镯也不见了，
我们找呀找，
找得好辛苦，
原来全到了乌鸦的家。
乌鸦啊乌鸦，
长得不漂亮也就罢了，
原来你还是个偷东西的贼。

戴老师点评

　　这首诗是站在儿童的立场来写的，乌鸦是个爱偷东西的贼，把我的珍珠、妈妈的耳环、弟弟的手镯都偷走了。读了这首小诗，总感觉小诗人对这个爱偷东西的乌鸦恨不起来，还有点小小的喜欢，小朋友，你看出来了吗？这就是诗的童趣美。

童诗的意境美

每一首诗都自成一种境界，无论是诗人还是读者，在"心领神会"一首好诗时心中都会出现一副优美的画面，很鲜活、很真实地出现在自己的眼前，使自己为之欣喜，为之沉醉，恍如整个世界的喜怒哀乐都不复存在，都烟消云散了。就在这一刹那，因为艺术给了它生命，它便得到了永恒——艺术的永恒，从而使每一个欣赏它的读者都能从诗中的时间与空间中，感受到特殊的性格与情趣，吸取新鲜的生命力，这就是理想的诗的境界。

无论诗的欣赏还是创造，都必须见到一种诗的境界。读一首诗或写一首诗，我们常常冥思苦想而不得，可往往在突然的某一个瞬间，豁然开朗、灵光一现，诗情源源不断地从脑袋里涌现出来，下笔如有神助，使人心旷神怡，忘乎所以。这就是我们平常所说的灵感，写诗都是需要靠灵感的，而要产生诗的境界也需要靠灵感。灵感其实也并不神秘，它就是我们常说的直觉，就是想象。

要产生诗的境界，所见意象还要能恰好表现一种情趣，诗的艺术是把情趣寄托在意象里。"情趣"简称"情"，"意象"是

"景",情景交融便产生了诗的意境。花草树木、风云雨雪在我们看来都是没有生命的东西,但是在艺术的境界里,在诗的境界里,我们会觉得它们是有情感的,会说会笑会呼吸,花会笑,草会低语,雪花会跳舞,这些都是我们的情感作用的结果,如韦娅的《红蘑菇》。

红蘑菇

诗 / 韦娅

小弟弟
挺着红肚兜
踮着小脚尖
撑起一把红雨伞

哈 多像一朵
森林中的红蘑菇
红的蘑菇帽
红的蘑菇茎
一步一笑
走进 淅淅沥沥的雨帘

戴老师点评

　　森林的蘑菇怎么会一步一笑，走进淅淅沥沥的雨帘呢？是诗人把自己的情感倾注在里面了。我们时时都会产生情感，喜怒哀乐，一颦一笑，可我们很少能化作诗歌，因为情感是抽象的，它需要附着到具体的意象上。但有意象也未必有诗，如果这些意象凌乱破碎，不成章法，也还是不能成诗，必须靠情感才能给它生命。

绘图：月亮湾小学　五（5）班　毛睿
绘图指导教师：吴蕊

如何鉴定一首诗是"诗",而不是分行的"散文"。首先检视是否浮现"意象",再看这些意象是否用情感来融化、来灌注,能否营造一个想象的境界留给读者体会,并为读者启动大量不可言喻的想象空间。而情感和形象的结合构成了诗的意境。意境同样是童诗应该刻意创造的,而且应以营造童稚而优美的意境为目标。情境交融是意境的表现特征。童诗的意境往往通过鲜艳的色彩、生动的语言、形象的动作来塑造文学形象,营造一种物我两忘,情感浓郁的艺术氛围。童诗往往运用一个个意境来呈现儿童丰富多彩的生活图景和想象世界,如中国台湾诗人林焕彰的《若兰山庄的雾》。

若兰山庄的雾

诗 / 林焕彰

雾来了,弥漫了
整个山涧
还来不及脱下鞋子
他们就成群结队,投入谷底
睡着了

第二天 才三四分钟
他们又和我们一样
踢乱了一床床的

又潮又湿的旧棉被

一翻身，就走了

戴老师点评

  这首诗动感的意象与宁静的意象对比，造就了诗的两层意象，两层意境。原本雾中静悄悄的感觉，被诗人这么一转笔，就显得闹哄哄的。"还来不及脱下鞋子""踢乱了一床床的""一翻身，就走了"清晰地呈现雾调皮、迅速的动作，推翻了雾刻板的缥缈、幽远、宁静、缓慢的意象。把雾塑造成顽童的形象，跑来若兰山庄捣蛋，闹完了就翻身走人，这是一个欢乐、顽皮、动感、迅速的意象。在引导儿童阅读诗歌时，不要用想象代替对诗歌意向的品位，要关注诗歌意象中寄寓的丰富的情感。比如，金波的《小鹿》。

小鹿

诗 / 金波

花的影、叶的影
给你披一件
斑斓的彩衣

你站在那里
和无边的森林
融合在一起

然而你还像一株飞跑的小树
高昂着枝枝丫丫的角
闪进密密的大森林里

一会儿和这棵树
一会儿和那棵树
交谈着春天的消息

戴老师点评

　　这首诗中,诗人把自己真实的情感融入诗的意象中,融入这和谐、静谧的森林里,诗人与自然合二为一了,诗人的心随着小鹿在林中跳跃、奔跑、交流。这是诗人童心的自然流露,体现了诗人丰富的想象力,体现了诗的意境美,诗人笔下的意境获得了鲜活的生命。

童诗是诗的一个分支，是以儿童为主要阅读对象，适合儿童听赏、阅读、吟诵的诗歌。所以，童诗反映的内容，蕴含的情感、展开的想象、设计的构思、运用的语言都必须符合儿童的年龄特点，必须为儿童所喜爱。

　　由于儿童的年龄特点、心理以及知识储备不丰厚的特点，决定了他对情感的表达没有成人那样丰富和深刻，对文章的理解也没有成人那么深刻、那么透彻。因此童诗在语言表达上要求通俗生动和幽默有趣，要浅显易懂、清新自然、稚拙天真、明快流畅、朗朗上口、易诵易记。优秀童诗应该是一种"浅语"的艺术，即童诗必须是儿童看得懂的语言。诗的明晰，容易流于粗浅、平淡，而使诗陷入平庸。童诗在语言诗意上的明晰，就要有丰富的想象力或情感，还要有富有情趣，新颖巧妙的构思作为支持。这种丰富的想象力、充沛的情感和新颖巧妙的构思很多时候表现为一颗具有童真童趣的童心。这样写出来的童诗才在语言上就具备了童心童趣的特点。童诗虽说是"浅语"的艺术，但优秀的童诗从来都具备深度阅读和引人注目的魅力，如金波的《林中月夜》。

林中月夜

诗 / 金波

溶溶的月光
像银色的春水
洒在每一片绿叶上
闪着耀眼的光辉

叶子一动不动
做着恬静的梦
梦着月光化作露水
一样的晶莹
一样的玲珑
在晨风中摇曳
一滴一滴
　叮咚
　　叮
　　咚

戴老师点评

　　这首小诗语言浅显,一看就懂,但诗人通过浅白的语言描写了"月光、春水、绿叶、晨风"等一系列优美的意象,带给我们优美的画面。诗人把自己的情感融入这浓浓月色中,和小叶子一起做起了甜甜的梦。给读者营造了一个优美而恬静的意境,留给了读者一个美的想象空间。

教孩子写童诗时要教会孩子从生活中提炼诗的语言,从经验中猎取灵感,注入新意或奇想。 真实的感受是通过形象含蓄地表达出来的,这就构成了诗的意境。一首好诗必须有生动的形象、优美的意境,读后留给人思索和回味。指导儿童写诗,就是教孩子如何从"浅语"中透露诗味,营造一个优美的意境。比如月亮湾小学叶嘉欣的《小花与蜜蜂的友谊》。

小花与蜜蜂的友谊

月亮湾小学　新苗文学社　叶嘉欣

一朵林中的小花,
寂寞的开在草丛里。
一股淡淡的清香,
在微风里飘荡。

阳光下,
一只可爱的小蜜蜂飞来了。
它"嗡嗡嗡嗡地"唱着好听的歌,
来到了这朵美丽的小花身边。

它亲吻着它的朋友,
并亲切地与这朵小花交谈。
小花甜蜜地笑了,
快乐地在阳光下盛开。

戴老师点评

小花也会寂寞,小蜜蜂会为小花唱歌,与它交流。一句"快乐地在阳光下盛开",让小花与小蜜蜂的友谊特别令人感动。在小诗人的眼中,大自然的一切都是灵动的,都是富有情感的,给读者营造了一个充满美的、和谐的意境。

绘图:月亮湾小学 五(5)班 董梦圆
绘图指导教师:吴蕊

夜

月亮湾小学　新苗文学社　李佳阳

我喜欢夜,

宁静的夜,

夜里有星星也有月亮,

在皎洁的月亮上,

有时能看见嫦娥姐姐,

坐在月桂树上和星星做伴。

有时能看见可爱的玉兔,

在月宫里吃着美味的萝卜。

最重要的是,

我相信,

每当黑夜过后,

就会迎来新的光明。

戴老师点评

　　夜,最能引起人们的遐想,夜里的天空,星星闪烁,皎洁的明月上是否有传说中的嫦娥与玉兔呢?她们在干些什么,生活得快乐吗?最重要的是小诗人相信,黑夜过后会迎来光明。

男孩与水牛

月亮湾小学　新苗文学社　曾伊琳

水牛像你，
你像水牛，
默默无语，
勤劳朴实，
牛背上的相依相伴，
总是那么令人难忘，
水牛像你，
你像水牛。

骑上牛背哟，
吹着牧笛，
笛声悠悠哟，
牛也悠悠，
迎来了朝霞，
送走了夕阳。
山那边的梦呀，
在朝霞里升起，
在夕阳中叹息。
水牛爱你，
你爱水牛。

戴老师点评

　　小诗人通过诗描写了男孩在水牛背上吹奏牧笛,笛声悠悠的美好画面,以及和他们相依相伴的美好情感,也表现了山里的小牧童渴望看到大山外世界的期盼,写出了意境美。

绘图:月亮湾小学　五(5)班　邹嘉慧
绘图指导教师:吴蕊

椰子树

月亮湾小学　新苗文学社　叶彤

椰子树妈妈，

披着绿头发，

守在南海边，

牵着胖娃娃，

唱歌跳舞真开心。

戴老师点评

　　小诗人眼中的椰子树就像妈妈，和她的孩子一起守护在南海边。风吹树叶沙沙响，风动树摇，好像在唱歌与跳舞。读了这首诗，感觉一家人开开心心地在一起，多么幸福快乐，营造出了和谐快乐的意境美。

最美的时光

月亮湾小学　新苗文学社　李佳阳

眨眼间，
才发现，
原来又过去一年。
最美的时光，
在不经意的一瞬间，
早已过去。
恨冬天太短，夏天不长。
真想把还没有走完的路，
重新再走一遍。
回味那最美好的时光。
叹只叹光阴不肯倒流，
只能珍惜未知的时光，
未知的时光里充满我满怀期待的目光。

戴老师点评

　　眨眼间，又过去了一年，大家是不是都会有这种感受呢？时间如流水，一晃就过去了，最美的时光，在我们不经意的瞬间过去。小诗人反复吟咏，感叹时光易逝，感叹冬日太短，夏日不长，感叹时间不肯倒流，劝大家要珍惜时间。

秋日的梦

月亮湾小学　新苗文学社　戴俊权

我静静地注视着你，
如看秋日的落叶一样。
带给我的不仅有欣喜，
还有一丝淡淡的哀伤。
也许是你昔日那静美的身影，
留在自己最深的记忆里。
在记忆里
那种身影是那么的熟悉，
就是我秋日里那场梦。

戴老师点评

秋风吹起，树叶飘落，最是能引起愁思的季节。小诗人在这样的季节里，有了一丝哀伤，会有记忆中静美的身影，权当作是自己秋日里的梦了。真有点"少年不识愁滋味，为赋新诗强说愁"的意味，表现出了一种感伤的美的意境。

小树

月亮湾小学　新苗文学社　黄彩妮

小树,
美丽的小树,
我要把你送到新疆去,
那儿需要你,
代我去守护祖国的边疆。
小树,
我要把你送到炎热的南方去,
那儿需要你,
我要你到那里的学校安家,
代我给小朋友们遮荫。
小树,
我要把你送到北京去,
那儿需要你,
代我去赶走雾霾,
让那里的人们,
呼吸上新鲜的空气。

戴老师点评

　　小诗人是一个善良的孩子，希望美丽的小树，代她去守护祖国的边疆，代她去给小朋友遮荫，代她去北京，赶走雾霾，让那里的人们能呼吸上新鲜的空气，体现了一种积极阳光的诗的境界。小读者，你也有这样神奇的想象，也有要小树代你去完成的愿望吗？

　　　　绘图：月亮湾小学　五（5）班　肖一诺
　　　　绘图指导教师：吴蕊

雨

月亮湾小学　新苗文学社　周雍明

雨，
　　淅淅沥沥地下着，
　傍晚，路上的行人稀少了起来，
　　只有路边的灯光，
　　　在寂寞地照着，
　　照着那些晚归的行人，
　　让他们能找到前进的路。

雨，
　　在灯光下闪烁，
　　那美丽的雨珠，
在流浪汉那里变成了难忘的记忆，
　　他们回家的路在哪里？
　　雨，越下越大，
　　　雨下的人们，
　　　　有的欢喜，
　　　　　有的愁。

雨，
　　终于接近了尾声，

空气中增添了一丝湿润，

天气变得凉爽起来。

街上的行人也开始多了起来，

雨下的景色真美呀！

戴老师点评

  你有没有细心观察过雨后的夜晚是怎样的呢？小诗人用一双善于观察的眼睛，描写了雨后夜晚的景色。雨后的夜晚，行人稀少，只有路边的灯光照着晚归的行人，表现了一种凄凉的美的境界。

  雨后的夜晚，那些流浪的人儿，他们又何处安生呢？真是一个善良的小诗人。

地球

月亮湾小学　新苗文学社　赖博辉

地球,
我的母亲!
黎明了,
你把怀中的孩儿来摇醒,
我们每天在你背上匍行。

地球,
我的母亲,
你背负我在这乐园中逍遥,
你还在那海洋里面,
奏出些音乐来,
安慰我的灵魂。

地球,
我的母亲,
过去、现在、未来,
我食的是你,
衣的是你,
住的是你,
我要怎样才能报答你的深恩?

地球，

我的母亲，

今后我要爱惜家园，

对你表示我的孝心。

戴老师点评

小诗人直抒胸臆。地球，我的母亲，小诗人反复地吟咏，细数地球母亲对自己的关爱，一件件，一桩桩，如泣如诉，表达了对地球母亲的深情。

绘图：月亮湾小学　五（5）班　邹嘉慧
绘图指导教师：吴蕊

通过赏读，体会构思的新颖巧妙。童诗抒发的情感不管在丰富性上，还是在深刻性上，都远不如成人诗歌。如何在不甚宽阔的情感层面上，使童诗不但具有情趣，而且创造独特的表达效果呢？这就要借助于构思的新颖巧妙。我们来看蒋邑颖的《自由的代价》。

自由的代价

诗 / 蒋邑颖

天空中，
一只风筝正在玩耍，
它想飞得高些，
得到更多的自由。
下面主人正牵着它，
于是它用力挣脱，
终于，
绳子断了，
它自由了，
一会儿去和云姐姐嬉戏，
一会儿又冲着太阳公公微笑。

可不久，

它的身体轻飘飘地、慢慢地往下坠，

它重重地摔在了地上，

骨架断了，

美丽的花衣裳破了，

再也飞不起来了，

只好躺在草地上不停地哭泣。

它想，

有的时候，

受约束比自由更好！

戴老师点评

  诗人赋予了风筝人的思维，"要是没有绳子的束缚，我会飞得更高，得到更多的自由"。然而，没有下面绳子的牵引，等待风筝的是粉身碎骨。小作者是要告诉我们这样一个道理——我们做什么事都应该有所约束，一切行动听指挥。写好童诗，选取的素材要新颖、要能引起思考，要体现小作者内心的深邃情感。当然，还需要巧妙的构思，这样，就能创作出一首首脍炙人口、优秀的童诗。再看子鱼的《为天量身高》。

为天量身高

诗 / 子鱼

什么？
没有人知道
天 到底有多高？
这让大地感到不可思议
决定请小孩子帮忙
丈量丈量
天 到底有多高
小孩子放起风筝

高
身
量
拉　　　　天
　长　为
　　线
"站好，别乱动哟！"
风筝说
天
没动
只是无聊地伸出手
弹
一弹
风筝

戴老师点评

这首诗从形式上就给人一种独特的美感,体现了建筑美。诗人构思新颖,大地想为天量身高,请小孩子来帮忙,小孩子放起风筝为天量身高,多么奇特而又夸张的想象,写出了一种意境的美。

通过赏读，体会极富夸张的想象力。想象力是一切创造活动的源泉，人类如果缺乏想象力，就像花儿没有阳光，树木生长没有雨露滋润一样，是很可怕的。可以说，没有翅膀，就没有鸟，没有想象就没有诗，没有美丽的想象，诗就飞翔不起来。儿童是最富于想象的，他们夸张的想象力是我们成人所望尘莫及的，他们总是用自己创造性的想象来认识并诠释世界上的一切事物，想象之闸开动了，立刻就听到了哗哗的流水声，看到了小草在舞蹈，鱼儿在说话……我们一起来欣赏月亮湾小学毛荣丽同学写的《梦里的星星》。

梦里的星星

月亮湾小学　新苗文学社　毛荣丽

今夜的天空，
很低、很美，
美得是那么的迷人，
小星星就在我头顶上调皮地朝我眨着眼睛，
我顺手一摘，
摘到了，
连忙把它藏在口袋。
紧紧地捂住它，
生怕她跑了。
妈妈问我怎么了，
我说我藏了一口袋的星星。

妈妈说乖孩子别做梦了，

我不相信，

把手往口袋里一摸，

原来我只是做了一场梦。

戴老师点评

　　这首诗以夸张取胜，充满了童心诗趣。诗中所描绘的情景，也许在我们的童年生活中也曾经有过。多少次遥望夜空，见星光点点，引起我们多少遐想。也许我们也曾希望摘一袋星星，这些都是我们童年的梦想。小诗人把梦想和现实，天上和人间交错描绘。用夸张的想象给我们描绘了一种诗的意境。小诗人不仅用眼，还用自己的心去感受，并且用艺术想象来加工，所以我觉得小诗人对生活有着敏锐的感受，善于捕捉动人的诗意。如，"小星星就在我头顶上调皮地朝我眨着眼睛，我顺手一摘，摘到了，连忙把它藏在口袋里。紧紧捂住它，生怕它跑了。"

　　这样的情景我们经常见到，但要用夸张的想象，艺术地把这种情怀表达出来，也是不容易的。

棉花糖之梦

月亮湾小学　新苗文学社　汪思琪

我经过一家糖果店，
一团白云向我飞来，
它停在了我的手心，
乍一看，
原来是棉花糖。
它又飞起来，
漂浮在半空中，
它对我说着奇妙的话。
我好奇地瞪着它，
问它从哪儿来？
怎么会说人语。
它默然不语，
忽地变成了一道光，
我忽地被吸了进去，
睁眼，
白云朵朵，
好美。
闻闻，
香甜可口。
四周"棉花如画"，

处处棉花糖香。

我陶醉在棉花糖中，

可惜闹钟把我闹醒了。

戴老师点评

  棉花糖是小朋友的心头最爱。香香软软的，甜甜蜜蜜的，飘飘荡荡的，像白云一样好吃的棉花糖，至今还留在自己的记忆深处。爱吃棉花糖的小朋友很多，可是把棉花糖写成诗的小朋友还是很少见的。因为创作来源于生活，但是它又高于生活，作品是需要创作加工的。汪思琪小诗人通过神奇的想象，幻想自己来到了棉花糖王国，四周棉花如画，处处棉花糖香，自己陶醉在棉花糖王国中做着美梦，可惜被闹钟闹醒了。小诗人通过极其夸张的想象，为我们描绘了一个非常奇妙美好的棉花糖王国，表达了小诗人对美好生活的向往。

我有一个梦想

月亮湾小学　新苗文学社　戴俊权

我有一个梦想，
让天上的云飘下来，
和我做游戏，
我坐在云里，
我说高就高，
我说低就低，
玩得真开心，
妈妈回来了，
云要回家了，
我和云说，
再见！

戴老师点评

　　我们经常做梦，做了些什么梦，有些时候我们自己也记不起来，一个人的想象力越丰富，它的梦想就越灿烂。梦开始的地方就是想象力腾飞的时候，有梦想就有未来，有梦想就有希望，有梦想就会有诗和远方。小诗人的梦想很特别，很夸张，希望可以和云朵自由自在地玩耍，还可以和孙悟空一样驾着云朵，说高就高，说低就低。夸张的想象加上小诗人的小任性，让这首小诗充满意趣。这样的愿望很美好吧，那么也展开我们的想象吧，让我们幻想的小鸟飞得更高、更远。

梦中的我

月亮湾小学　新苗文学社　施南燕

梦中的我，
无忧又无虑，
在森林里奔跑，
跟小兔子蹦跳，
和小鸟歌唱，
森林里漂亮的公主，
邀请我来到她美丽的城堡，
和她们一起快活地跳舞，
那美丽的小王子，
朝我甜蜜的微笑。
你说，
这要不是梦该多好！

戴老师点评

　　看来小诗人都是喜欢做梦的,这挺好,有梦才会有诗,有梦才会有理想和未来。梦中的小诗人在森林里自由自在地奔跑,跟小兔子蹦跳,和小鸟唱歌,和森林里漂亮的公主一起跳舞,还有美丽的王子朝小诗人甜蜜地微笑。多美好的生活,那是童话一般的世界。如果我们平时被爸爸妈妈、老师管得很严,为作业所苦恼,做做这样的梦也是一种放松吧。小诗人通过夸张的想象来表达自己对自由、快乐生活的向往,你们呢?是不是也希望能有更多的自由与快乐呢?那么就像小诗人一样写诗吧。

　　零是我们生活中司空见惯的,把它写成诗又是怎样呢?我们来欣赏宋晓同学的《零》。

零

月亮湾小学　新苗文学社　宋晓

圆圆的零，

像鸡蛋，

滚呀滚呀滚呀滚，

啪嗒一声裂开了，

钻出一个小月亮。

天黑了，

小月亮，

升上天，

一闪一闪又一闪，

照得大地明又亮。

戴老师点评

圆圆的零，像什么呢？圆圆的零像鸡蛋，鸡蛋裂开还钻出了一个小月亮，升上了天空，一闪一闪的，多么神奇夸张的想象！你也可以展开你的想象，在你的眼中圆圆的零又像什么呢？

0

月亮湾小学　新苗文学社　廖依娜

圆圆的 0，
像一个个美丽的肥皂泡泡，
在空中飘呀飘，

在太阳的照耀下，
我从每一个泡泡里，
看到了一个五彩斑斓的世界。
圆圆的 0，
像个圆圆的鸡蛋，
我捧在手心，
不舍得妈妈把她煮熟，
我想那里面一定藏着一个小小的生命，
从这个鸡蛋里，
我仿佛看到小鸡破壳而出。
圆圆的 0，
像小朋友的眼睛，
一闪一闪亮晶晶，
从小朋友的眼睛里，
我看到了快乐与幸福。

戴老师点评

　　小诗人想象力丰富,从圆圆的 0 想到美丽的肥皂泡泡,从泡泡中看到了一个五彩斑斓的世界,从圆圆的 0 想到鸡蛋,想到那里面一定孕育着一个小小的生命……孩子们,展开你们神奇的想象吧。

绘图:月亮湾小学　五(5)班　董梦圆
绘图指导教师:吴蕊

月亮

月亮湾小学　新苗文学社　高婕菲

有时，
天上的月亮真圆，
圆得仿佛少女美丽的脸庞。
有时，
天上的月亮弯弯，
像银河里的小船，
那小船里，
是否有牛郎与织女，
坐着船儿在游玩。

戴老师点评

小诗人把弯弯的月亮比作银河的小船，进一步联想，那小船里是否有牛郎和织女，坐着船儿在游玩。小诗人展开神奇的想象，写出了自己对神话传说中牛郎织女的同情，希望他们能一起坐着船儿游玩，表达了小诗人善良朴素的愿望。

大熊与蜂蜜

月亮湾小学　新苗文学社　毛睿

你是个赶蜂的专家，
又是个吃蜜的大师。
谁也不能改变你吃蜜的癖好，
高兴时去掏蜜
生气时乱扔蜜，
蜜蜂遇到你，
这个小捣蛋，
可是倒了八辈子的大霉。

戴老师点评

　　小诗人想象力丰富，从孩子的角度来写大熊。在小诗人的眼中，一切都是有灵性的，都像人一样具有情感。所以，小诗人眼中的大熊是调皮捣蛋的小破坏家，蜜蜂遇上它是倒了八辈子的大霉，富有童心童趣。

我想

月亮湾小学　新苗文学社　杨语嫣

我想把耳朵
嵌在黑板上，
聆听老师的教诲，
听听教室里的欢声笑语，
听呀，听，
听同学们收获的喜悦。

我想把鼻子，
粘在课本上，
闻闻书本散发的油墨的香味，
闻闻文字的清香，
嗅呀，嗅，
书香伴我进入甜美的梦乡。

我想把头发，
系在树叶上，
随着风翩翩起舞，
飘向校园的每个角落，
飘呀，飘，
去感受春天的气息。

戴老师点评

小诗人展开神奇的想象，想把耳朵嵌在黑板上，聆听老师的教诲，还想把鼻子粘在课本上，闻闻散着油墨的清香，还想把头发系在树叶上，随风翩翩起舞。假如你会孙悟空的七十二变，你又想变成什么呢？

可怜的棉花糖

月亮湾小学　新苗文学社　潘婧媛

一朵"白云"静静地躺在我的手心，
我轻轻地托起，
像托起珍贵无比的宝物。
它来自何方，
又将去向何地，
它是孙悟空的筋斗云？
会千变万化？
还是因为贪吃了，
长胖了，
变成了这洁白美丽的棉花糖，
再也回不到天上。
可怜的棉花糖，
我要帮你减肥，
让你变瘦一点，
让你重回蓝天。

戴老师点评

在小诗人的眼中，棉花糖是云，更有可能是孙悟空的筋斗云掉落凡尘。小诗人充满了奇思妙想，这朵云，也许是吃胖了回不了天上，要帮它减肥，具有生活气息，看完让人忍不住要发笑，赞！

蒲公英

月亮湾小学　新苗文学社　施南燕

蒲公英，
你有翅膀吗？
我想你带着我，
去寒冷的北极，
和那里的企鹅合张影。

蒲公英，
你有翅膀吗？
我想你带着我，
去热带雨林，
与那里的黑熊一起玩耍。

蒲公英，
你有翅膀吗？
我想你带着我，
飞向蓝天，
我希望摘颗星星做夜灯。

戴老师点评

小诗人反复吟咏，蒲公英，你有翅膀吗？反复地抒发自己想让蒲公英带着自己去热带雨林，去和黑熊玩耍；带着自己飞向蓝天，摘颗星星做夜灯。多么美好，多么善良的幻想呀！

绘图：月亮湾小学　五（5）班　邹嘉慧
绘图指导教师：吴蕊

作业机

月亮湾小学　新苗文学社　李青栩

我好想，

好想，

有一台作业机，

只要放进作业本，

再投入五毛钱，

就可以知道结果。

来试试，

3+9=？

结果一出来，

我傻了眼，

3+9=15，

看来它没有我想象的那样完美。

戴老师点评

　　当老师布置的作业多，压得你喘不过气来的时候，你有没有像小诗人一样希望拥有一台神奇的作业机，可以帮你完成作业呢？想想是可以的，但是不要真的不完成作业哟！

童诗其实是一部浑然天成的童心写真集，童诗为学生的自主阅读提供了广阔的空间，让孩子们在赏读中感受到了高尚情操与趣味的熏陶，发展个性，丰富精神世界。

通过赏读，体会童诗语言的精妙。诗的语言，是文学作品中最精炼的语言，是语言的珍珠，童诗也属于诗，童诗语言的最大的特点是它不仅精练，而且幽默、天真、富有童心童趣，看似荒诞、笨拙，却能给人以无限的乐趣和无限的想象。它深受广大儿童喜爱，是童年语境中的天籁之声。童诗中的意象美、色彩美、意境美、音乐美、质朴美、形式美、建筑美、情感美、哲理美等构成了童诗的语言美。

白描的语言体现了童诗的质朴美。童诗的语言表面上看起来平静无波，不显华丽，没什么修饰，其实是在白描中见功底，好的童诗是耐读的。白描的语言于质朴中见真功夫，是诗的最高境界，是诗的艺术的返朴归真，体现了一种质朴美。很多优秀的童诗都是用白描的手法来描写，感情隐藏在字里行间，具有生活气息，富有童真童趣，耐读耐看。所以，在阅读教学中老师要在赏读中引导学生体会童诗语言的精妙，从而体会童诗丰富的情感，比如烟地良子的《柠檬》。

柠檬

诗/[日]烟地良子

柠檬，
一定想到远方去，
薄薄地切一切，
就会明白柠檬的心。

薄薄地切一切，，
滚出来好多个车轮，
散发出好闻的香味儿，
车轮、车轮、车轮。

柠檬，
一定想到远方去。

戴老师点评

"薄薄地切一切，滚出来好多个车轮，散发出好闻的香味儿"，诗人猜想柠檬一定是想到远方去。体现了诗人想象的新奇，构思的新颖巧妙，诗人用浅白的语言，于白描中见功夫，富有童心童趣，具有生活气息。

捉迷藏

诗 / 圣野

小妹妹跟风捉迷藏，
小妹妹问风：
"藏好了没有？"
呆了好一会儿，
没有听到风说话儿。

小妹妹就从墙角后，
跳出来找风，
找来找去找不到，
忽然"嘻"的一声，
风在一棵大树上笑起来了，
有一张树叶子没站稳，
给风一笑，
掉下来了。

小妹妹连忙跳过去，
把叶子捉住，问它：
"风呢？"
叶子红着脸孔说：
"我也不知道！"

戴老师点评

诗人用浅白的描写、新奇的想象写出了小妹妹与风捉迷藏的童心童趣,具有生活气息。体现了诗人驾驭语言文字的能力,从白描中见真功夫。

色、香、味、声的语言体现童诗的语言美。从儿童心理学的角度来看,儿童对色彩和声音特别感兴趣,能刺激他的阅读兴趣,所以童诗的语言具有色调感、节奏感、流动感,一应俱全。教师在引导孩子们阅读时可以通过反复咀嚼,反复吟诵,引导孩子理解诗的情感,体会童诗语言的色、香、味、声的美。我们一起来欣赏金波的《流萤》。

流萤

诗 / 金波

我不给你剪裁天边的晚霞,
也不去给你摘取夜晚的繁星,
孩子,让我们一起,
一起去捕捉黄昏的流萤。

晚云烧得紫了,
慢慢融进苍茫的暮色中,
耀眼的小花隐去了,

山只留下它高高的身影。

快看！天边飞来几只流萤，
一会儿灭，一会儿明，
像一颗星，两颗星……
像一颗颗长着翅膀的繁星。

我从菜园里拔一根葱管，
好放进几只流萤，
让它闪出柔和的光吧，
孩子，送你一盏翠绿的灯。

放萤火在你的枕边，
我再编一个童话给你听，
说在夏天的夜里，
有一个翠绿色的梦。

戴老师点评

  在这首诗里，金波笔下的意象"晚霞、繁星、山、流萤"生动鲜明，通过这些生动的意象诗人给我们营造了一个美丽的童话，一个翠绿色的梦。这个梦亦真亦幻，朦朦胧胧，诗人完全融入这境界里，与大自然合二为一，带给人想象的余地。整齐的诗行体现着节奏美，优美的诗的语言具有色调美，诗中的绿具有流动感，充满了梦幻的感觉，让人读起来能感受到一种梦幻般迷离的意境之美。

我和月光

诗 / 韦娅

是谁推开了
夜晚的窗子
月光悄悄地溜进来
不说话
也不游走
只是在窗前
默默地
把我守候

我睁大眼睛
不作声 静静地
我变成了月光
月光变成了我

我和月光
在雪白的光影中
轻轻牵手

戴老师点评

　　诗人用梦幻般的诗的语言,描绘了"我"与月光相依相守的情境,作者完全融入了这梦幻般的境界中,

　　心中只有这月光了,月光如我,我如月光,我们轻轻牵手,多美好的意境。

绘图:月亮湾小学　五(5)班　陈虹
绘图指导教师:吴蕊

中 篇
童│诗│创│作

善想象

融入自己的感受。生活中从来都不缺乏美,缺少的只是一双善于发现美的眼睛,生活中也从来不缺少写作的素材,缺少的还是一双善于发现的眼睛。自然界的花草树木、鸟兽虫鱼、万事万物都是写作的素材。可是在教学中,我们发现,一部分学生仍然为了写什么抓耳饶腮,感觉身边的事物都太过普通,太过寻常,无从下笔。

在一些孩子眼中,"笑话"就是笑话,"小麻雀"就是小麻雀,"路灯"就是路灯。可在有些孩子眼中,笑话还可以是一个人,它会伸出一根手指头,搔你的胳肢窝;小麻雀可以从图画册中飞出来,给你唱支歌;夜晚的路灯会对着你眨眼睛。在这些孩子眼中,万物都可以入诗,到处都是写诗的素材。那么,如何帮助孩子们打开创作的"第三只眼",学会观察呢?

要在观察时融入自己的感受。一切景语皆情语,面对大千世界,万事万物,我们必须具备一颗悲悯之心,具备一颗易感之心。否则,即使我们每天接触那么多人物,那么多事情,都会如镜花水月,了无痕迹,不会流出半点情感。所以,我们必须先对事物有所感受，让它触及自己的心灵；或者内心有这样模糊的情感，去寻找事情或事物寄托。观察是对事物表面特征的接受，感受是内心的感觉，要进行深层的观察，要从审美的角度，探寻自己内心的感受，寻求一种新的视野，这样的视野才是对创作有所帮助的。比如，《汽水》中"跟你握握手／你就冒气／请你脱脱帽／你就生气／干干脆脆／一口把你喝下去／看你还神不神气"。小诗人喝汽水的时候，把汽水当作了人一样来看待，让它具备有人的丰富情感，会冒气，会生气，小诗人跟它握握手，请它脱脱冒，简直把它当成了一个不好哄的小玩伴，一个"把你喝下去，看你还淘不淘气"这些都是作者的感受。小诗人必定对汽水进行了一番观察，抓住了汽水打开盖子会冒气的特征，才能融入自己对小玩伴的感受，短短的几句话，极具童心童趣，比如月亮湾小学王宇辰的《小公鸡》。

小公鸡

月亮湾小学　新苗文学社　王宇宸

小公鸡，

你每天按时起床，

在太阳还没睡醒时，

就唤醒沉睡的大地。

你总是那么尽职尽责，

可为什么，

有些人，

却不懂得珍惜你。

可怜的你,

还是逃脱不了被吃掉的命运。

这不公平,

我要劝劝妈妈,

一定要好好待你。

戴老师点评

在小诗人的眼中,小公鸡是一条生命,具有人的情感,必须像人一样得到公平的待遇,表达了小诗人对小公鸡的同情,体现了小诗人的善良。赞!

小白船

月亮湾小学　新苗文学社　李秋澜

一只只小白船，

是一个个梦想，

一个个梦想，

在水面上漂浮，

代表着一个个希望。

一个个希望，

是一只只小白船，

飘呀，飘呀，

飘向远方。

戴老师点评

　　小白船，一看题目就知道是极具诗意的，它总是与自己的梦想、希望联系在一起。你心中的小白船呢？它又带着你的希望与梦想驶向何方？

一只纸船

月亮湾小学　新苗文学社　肖一诺

叫上好朋友，
一起折一只纸船，
来到大海边，
将纸船轻轻地放在水面上，
让纸船载着我们的梦想去远方。
我盯着小船的方向，
小船载着我的梦想，
一直飘，一直飘，
直到看不见了为止。
我在想，我的梦想又到了哪里呢？

戴老师点评

你喜欢折一只纸船，把它放在大海里，让它载着你的梦想飘向远方吗？小诗人神奇的想象，带给人们无尽的遐想。你也有梦吗？是否也想过折一只纸船，让它载着你的梦想远航呢？

维尼休斯与汤姆

月亮湾小学　新苗文学社　王忆涵

你们，
是世界上最盟的小精灵，
你们，
热情奔放，
你们，
可爱淘气，
你们是里约奥运的吉祥物，
维尼休斯与汤姆。
你们代表了巴西人热情，
也代表了巴西人的奔放，
如果能让我给你取名字，
那该多好呀！
我一定叫你快快和乐乐，
听说你们的国家正遭受不幸，
希望你们能给巴西的人民带来快乐与吉祥。

戴老师点评

　　小诗人描写维尼休斯和汤姆的可爱、热情、奔放，希望给它们取名叫"快快和乐乐"，表达了小诗人对经历了里约战争和巴西内乱的巴西人民的同情，也表达了自己希望全世界都能和平的愿望。

不开心的小柳树

月亮湾小学　新苗文学社　李秋澜

站在河边的小柳树，
你总是低垂着头，
一声也不吭，
你为什么这样安静，
是没人陪你玩吗？
一定是的，
你看风姐姐一来，
你就开心地跳起了舞。

戴老师点评

　　读了这首诗，仿佛看到一颗不开心的小柳树站在那里，低着头一声也不吭，风姐姐一来就开心地跳起了舞。读了这首诗，你是不是也和小柳树一样，有过不开心的时候呢？

调皮的时间

月亮湾小学　新苗文学社　李涵奕

时间真调皮,

一会儿快得像箭,

一会儿慢得像蜗牛,

上课时变得很慢很慢,

下课时变得很快很快,

真像个小顽童。

做作业时很慢很慢,

玩耍时又很快很快,

做家务时变得很慢很慢,

打游戏时变得很快很快,

时间呀时间,

你能别那么淘气吗?

戴老师点评

　　这首诗写得十分形象,在小诗人眼中时间像个调皮的孩子,一会儿跑得快,一会儿跑得慢,在做作业时跑得慢,在玩耍时跑得很快,做家务时跑得很慢,打游戏时又变得很快,这是怎么回事?小朋友们你们知道吗?你们的时间呢?也是这样淘气吗?

枫树

月亮湾小学　新苗文学社　李青栩

枫树呀枫树,
你为什么总穿着火红的衣裳,
把自己打扮得那么美,
你是不是怕自己赶不上时尚的潮流?
枫树呀枫树,
为什么蝴蝶总喜欢在你身边飞舞,
是不是它们就是你的小恋人?
所以你才天天把自己装扮。

戴老师点评

　　小诗人是一个爱动脑筋的孩子,小枫树为什么穿着火红的衣裳,怕赶不上时代的潮流?为什么蜜蜂喜欢围着你身边飞舞,它是不是你的小恋人?小诗人的想象力真神奇,赞!

披头散发的柳树

月亮湾小学　新苗文学社　陈晨

小河边，
　长着一棵高高的柳树，
　　长长的头发披散着，
　你准备扎个什么辫子呢？
　　准备扎麻花辫吗？
　不吭声是不是什么都不想扎？
　可你觉得披头散发的样子很美吗？
　　如果你觉得美，
　　那也只能随便你，
　反正我觉得披头散发的样子很丑很丑。

戴老师点评

　　小柳树总是带给人美的感受，总与小桥、流水、人家联系在一起，构成一种美的意境。一看题目《披头散发的小柳树》就知道小诗人的想象不落俗套，具有新意。小诗人用一颗童心观察小柳树，你总是披头散发，怎么不扎个辫子呢？还提出质问，你觉得这样很美吗？极具童心童趣。

小草妹妹和柳树姐姐

月亮湾小学　新苗文学社　毛荣丽

沙沙沙——
柳姐姐正准备穿上绿色的晚礼服，
准备参加风姐姐的生日宴会呢。
小草妹妹也刚好穿上了绿色的小裙子，
两个小美人见了面，
谁也不服谁，
谁都看谁不顺眼，
真令人头疼。
你们两个，
能不能别那么小气。

戴老师点评

　　小草妹妹和柳树姐姐是两个小美人，还爱互相攀比，看谁都不顺眼，连小诗人都看不过去了，能不能不要那么小气？多么奇妙的想象，其实你也可以这样感受大自然。

打开创作的第三只眼。灵感是突如其来的想法，有时会昙花一现，它会悄悄地在你不经意的某个瞬间闯进你的生活，又会在某个不经意的瞬间从你身边溜走，像一个淘气的小孩，顽皮的精灵。灵感有时像清晨的露珠，像雨后的彩虹，像偷偷从你身边溜走的时间，当你没有关注到它，就再也找不着了，如同一滴水滴到大海里，没有了半点痕迹。灵感不仅对写诗，对生活都有很大的用处，它能改变人的一生。但是人们常常会忽略它，认为它不过是心血来潮的产物。

灵感是创造的机遇，有时也是改变命运的机会。一个苹果砸到牛顿的头上，牛顿的灵感产生了，他抓住了灵感，于是发现了万有引力。这只苹果如果砸到其他人的头上，那很可能只是个大包。这就是伟大与平庸的区别。善于抓住灵感的人，一定是不平凡的人，所以我们要善于抓住灵感，因为灵感在诗歌创作中尤为重要。

童诗的灵感来自于观察。生活是创作的唯一源泉，而这里指的生活也包括了我们想象的生活与心灵的生活，所以我们要去观察、去发现，才能找到创作的素材和写作的灵感。童诗创作的灵感，来自于观察，来自于观察时产生的感受和激情，也来自于丰富的想象。有了这些，我们创作的灵感才会灵光一闪，不期而来，让人豁然开朗，如打开了创作的第三只眼睛，由此，你能观察到，感受到别人观察不到、感受不到的东西。我们要对生活充满好奇，充满激情，充满求知，充满探索。

有时，我自己的创作和写作灵感也来自于观察。下面的这首童诗就是我走过学校走廊获得的灵感。那一天，清风轻拂着，走廊上的簕杜鹃挨挨挤挤，摇头晃脑的，煞是可爱。诗的灵感便突如其来，我赶紧走进办公室，拿笔把它记录了下来。

校园的簕杜鹃

诗 / 戴灿辉

那一丛丛，一簇簇，
盛开在学校的走廊上的，
紫色的簕杜鹃。
在晨风中跟你点头，
向你微笑，
快乐地跟你招手，
有时它们会自顾自地玩耍，
一转眼又跟风捉起了迷藏，
找到了，
风也咯咯咯地笑，
叶儿也跑来凑热闹，
开心地跳起了踢踏舞，
小花儿也乐得笑出了声。

风静了，
叶儿停止了舞蹈，
花儿也静静的，
听小朋友读书，
看小朋友游戏。

童诗的灵感来自激情。记得那天到机场送女儿去南京读书,看着女儿意气风发,走得那么坚定的身影,顿时感到心里空落落的。回忆起跟女儿相处的点点滴滴,一时伤感,便怀着激情写下了这首《致亲爱的女儿》。一时的感怀与激情也会产生灵感,它也是我们创作的源泉。

致亲爱的女儿

诗 / 戴灿辉

从你用一声响亮的啼哭,
向我宣告你的到来,
我便把你搂在怀里,
轻轻地抚摸着你粉嫩粉嫩的脸蛋,
从此我便把对你的爱,
融进了自己的骨血,
浸入到了自己的骨髓深处,
我要用一生来呵护着你,
为你遮风挡雨,
我的女儿。

我的女儿,
把你捧在掌心,
抱在怀里,

背在背上。
你的笑，
你的哭，
你的一举一动，
都牵动着我的心房。
从此，
一个女人柔弱的臂膀，
便开始有了力量。

听你牙牙学语，
看你蹒跚学步，
为你唱着摇篮曲，
伴你一路成长。
从此你的笑便是我的笑，
你的哭便是我的愁。
你是跟着我的脚步而来的，
你是我生命的重复，
你的梦也是我的梦的延续，
我与你血脉相连，
我的女儿。

我的女儿，
是雄鹰，
就要在高空翱翔。

是海燕，

就要搏击风浪。

你也终将长大，

终将远离父母。

如果说这世间所有的爱都是为了聚合，

那么我对于你的爱，

却是希望你能越走越远，

越飞越高。

做那高空翱翔的雄鹰，

做那与风浪搏击的海燕，

我愿静静地站在你的身后，

做你坚强的后盾，

默默看着你，

看着你，

渐行渐远的身影……

你的母亲。

童诗的灵感来自于想象。有时创作的灵感还来自无意之间的奇思妙想，那一天，跟几个同事闲聊，聊着聊着，聊到了我们学校的名字——月亮湾小学。有人说我们学校为什么会叫月亮湾小学呢？是呀，为什么叫月亮湾小学呢？谈着谈着，我突然走神了，从月亮想到了星星，想到了嫦娥与小白兔，想到了巴学园，一连串的想象就产生了，想着想着，一首诗就开始在心里酝酿，后来通过修改就写成了这首诗。

月亮小学

诗 / 戴灿辉

我们的学校,
叫月亮湾小学。
月亮小学,
是我给它取的名字。
我希望它像月亮一样弯弯,
弯弯如小船一般。
我们坐在小船上,
钓着星星鱼。
蓝天是我们的课堂,
白云是我们的椅子,
我们坐在白云上,
听嫦娥姐姐给我们上课,
跟小白兔一起玩耍,
提着星星灯,
在学校里走来走去。

> **戴老师点评**

想到月亮学校自然会联想到月亮学校里必然会有月亮老师,于是久觅而不得的笔名也由此而产生了,月亮老师就成了我的笔名。这一切都得益于灵感。有时灵感会让你产生写作的激情与冲动,应当及时抓住,否则灵感过后就很难产生那种冲动和激情了,一切就如烟消云散了一般。所以,老师建议随时准备一些便签纸和笔带在身边,及时记下这瞬间就会失去的灵感,它是我们日后创作的宝贵材料。也许一时的想法还不够成熟、不够全面,但是暂时记下来,我们可以日后进行修改。

童诗的灵感来自于学习积累。灵感有时也会在你学习的过程中出现。读金波的童诗,突然引起了我对小时候生活的回忆,我从小由爷爷奶奶带大,屋后就是一座大山,我经常和小伙伴们到田野摘油菜花,到山间摘野果子,无拘无束的童年里有我最美好的回忆,于是我写下了下面这两首诗。

森林爷爷含笑的眼睛

诗 / 戴灿辉

晨曦初露的清晨,
　静寂、祥和。
面带微笑的太阳公公,
把柔和的光撒满树林。

带着露水的树叶，
在晨风中摇曳，
树叶上的露珠，
在阳光下一闪一闪，
像夜空的星星
像明亮的眼睛，
看每一片鲜嫩的树叶，
像一片片绿色的书页
听林中的小鸟，
迎着朝霞快乐地放声朗读，
真是爱读书的孩子。
它们你一声，
我一声，
用你我不懂的言语，
相互应和，
静寂的森林热闹起来。
那闪烁的露珠，
应该是森林爷爷含笑的眼睛吧。

故乡的油菜花

诗 / 戴灿辉

故乡的油菜花,
　金黄金黄的,
　一大片一大片,
　留在记忆深处的,
是一望无际的金黄色的花海。

　　花海中,
　有蜜蜂的吟唱,
　有蝴蝶的飞舞。
那带着金色花环的小姑娘,
　时常在花海中流连,
　　与花儿低语,
　　和蜜蜂唱和,
　　与蝴蝶共舞,
　跟小伙伴们捉迷藏。
欢笑声在花海中回荡。

　　　满伢子——
　　　吃饭了——
眼中依稀看到田埂上奶奶步履蹒跚的身影,

耳中依稀响起奶奶着急的呼唤，

永远地永远地——

留在记忆的最深处。

童诗的灵感来自于新颖的构思。生活中处处都有写作的素材，都有写作的灵感，尤其是丰富多彩的童年的生活。可是在创作时，很多小学生抓耳挠腮，觉得没什么东西值得写，可以写的好像都是别人写过了的，写出来的东西多半只是模仿，谈不上创新。"创作创作"，"创"是什么意思，自然是强调写作的创新，强调自己写的文章有与众不同的鲜味，所以写文章要做到构思新颖。只有有了新颖的构思，灵感才能成为写作的素材。有些同学可能会想，我就是没有新颖的构思呀，有了新颖的构思我也会写的。怀才就像怀孕，时间久了才能看出。写诗也是一样，需要酝酿，需要积累，需要时间的沉淀，需要一个漫长的学习与积累的过程。就是大诗人，他也未必见到什么就能写什么，也需要构思、修改。有了积累、有了学习的过程，灵感就会在某一瞬间与你不期而遇。灵感只会光顾有准备之人，所以在写诗的路上，无须着急，慢慢学习，慢慢磨炼自己，要有铁棒磨成针的精神。比如，我们班上肖一诺同学的家里养了一群小金鱼，天天看着看着，也有了情感，就写下了这首诗。

小金鱼

月亮湾小学　新苗文学社　肖一诺

我家的金鱼缸里，
长着很多爱臭美的小金鱼，
总是穿着大红的袍子，
在水里一摇一摆，
在玻璃缸前照来照去，
这得意的样子，
在向我显摆吗？
看你嘴一张一合的，
似乎想跟我说点什么，
可惜我不懂你的语言，
不然我要告诉你，
做鱼也要低调，
要当心金鱼缸旁边，
那时常偷窥的小花猫。

戴老师点评

　　小诗人观察了小金鱼大摇大摆游来游去的特征，在小诗人的想象中，小金鱼也会具有人的情感，这是一条爱炫耀、爱臭美的小金鱼，同时诙谐地提醒它要低调，当心偷窥的小花猫。这是这首诗构思的巧妙之处，让这首小诗露出一丝童趣，同时也赋予了这首诗以情感。所以，在创作时，观察事物要抓住特征、投入情感、加入想象、融入创意、善用技巧，创作意想不到的惊喜，获得意想不到的灵感，让诗活灵活现。

绘图：月亮湾小学　五（5）班　王禹睿
绘图指导教师：吴蕊

哭泣的房子

月亮湾小学　新苗文学社　高婕菲

你在无声的哭泣，

因为你那洁白的身子，

被人们乱涂乱画。

没有人在意你，

在意你的感受。

你那原本洁白又漂亮的身子，

现在变得黑乎乎。

你的脸也变花了，

有谁会想起给你洗脸呢？

可怜的房子，

让我告诉那些乱涂乱画的人，

别忘了房子也会哭泣。

戴老师点评

你关注过那被乱涂乱画的房子吗？你可想到那被乱涂乱画的房子也会哭泣呢？在小诗人的眼中，房子也会哭泣，你看它的脸变得黑乎乎的，多么可怜呀！真是个善良的小诗人。看了这首小诗，想想会哭泣的房子，我们也就再也不会乱涂乱画了。小诗人构思新颖，想象奇特。

太阳公公找老伴

月亮湾小学　文学社　刘牧岩

太阳公公，
总见你一个人在天空，
你不孤单吗？
为什么不找个老伴？
其实月亮婆婆挺合适的。

戴老师点评

小诗人想象奇特，构思新颖，看太阳公公一个人在天空，希望推荐月亮婆婆作老伴。诗虽短，却极具童心童趣，读起来比较轻松，令人发笑，是一首有趣的童诗。

可怜的太阳

月亮湾小学　新苗文学社　李佳阳

太阳，
你总是那么勤劳，
清晨，我刚睁开眼睛，
你就已将明亮和温暖洒满大地。
傍晚，辛勤了一天的太阳，
满脸涨得通红，
累倒在山腰，
把疲惫挥洒。
你总像个无人怜惜的孩子，
一会儿到东边逛逛，
一会儿到西边走走，
总见你找不到回家的路，

戴老师点评

在小诗人眼中，太阳是个让人心疼的孩子，从早干到晚，累倒在山腰，有时又像个无人怜惜的孩子，一会东逛逛，一会西逛逛，构思新颖，写得生动有趣。

五种想象的创作技巧。圣野说:"没有翅膀,就没有鸟,没有想象就没有诗,没有美丽的想象,诗就飞不起来。"想象是人们在头脑里以现实为基础的奇妙的思维活动,通过想象可以创作一个奇妙的精神世界。诗是一种创造,任何创造都离不开想象。想象是灵感的源泉,是童诗创作的动力,没有想象就没有创作。

想象是没有束缚的,它可以天马行空,让思维任意驰骋。它可以超乎常理,超乎人们的心理预期,但不合理并不等于无厘头。想象也是有要求的,要依据现实而构想,因此它和胡思乱想又有本质的区别。它以事实为基础进行联想,并寻求作品中自成的逻辑,在不合理中能"言之有理"。敢于想象,从观察到的事物特征中寻求巧合,往往会产生创意。所以,想象是创作的源泉,如月亮湾小学新苗文学社黄欣悦的《四季的眼睛》。

四季的眼睛

月亮湾小学 新苗文学社 黄欣悦

春姑娘来了
你看
那刚从睡梦中惊醒的花儿
那就是春的眼睛

夏天来了

你看

那大海中翻腾的浪花

那就是夏的眼睛

秋天来了

你看

那青草丛中晶莹的露珠

那就是秋天的眼睛

冬天来了

你看

那空中飘落的片片雪花

那就是冬的眼睛

戴老师点评

　　花儿会睡觉吗？春天、夏天、秋天、冬天会有眼睛吗？当然不会，那是小诗人的想象。小诗人抓住了春夏秋冬的景物特征，通过想象，让这首小诗生动起来，起到了意想不到的效果。

五种想象的艺术技巧。想象是小诗人对自己心中已有的记忆表象进行整合而创造出的新形象。想象须从真实生活入手,领悟事物的情趣。想象离不开生活的土壤,只有根深才会叶茂,才会长出奇花异草。想象是生活经验的再组织,不会超出人和生活世界的范围。在丰富的生活经验和知识基础上,遂能产生丰富的想象。在这里主要介绍五种想象的艺术技巧。

第一种想象: 假设式想象是小诗人为了艺术创新,先假设一个现实生活中不存在的前提,然后在此基础上产生想象。如月亮湾小学欧运凯的《孤独的狮子》。

孤独的狮子

月亮湾小学　新苗文学社　欧运凯

森林里有一只,
孤独的狮子。
它想小动物陪它玩玩,
可小动物们都不敢呀。
它生气了,
一声大吼,
森林里的动物们,
更是跑得跑,
逃的逃,
一下子走了个精光。

可怜的狮子，

都怪你平日里太凶，

一定要改改这个坏毛病，

要与人友善，

不然你一辈子都会没有朋友的。

戴老师点评

小诗人从儿童的视角看问题，假如狮子也有人的情感，也是知道孤独的，那么一定要对人友善，要改改自己的坏毛病，不然会一辈子没有朋友的。其实小诗人是在借狮子的孤独来写生活中某些不懂得与人交往的小朋友，劝他们要对人友善，写得具有童心童趣。

棉花糖王国之旅

月亮湾小学　新苗文学社　朱天凌

和往常一样,
我再次走在那条熟悉而又静谧的小路。
身边,
花朵绽放。
天空,
万里无云。
一切都那么美好。
一转身,
一个洁白的身躯出现在我面前,
我疑惑而惊奇,
为何,一个棉花糖竟会像人一样?
它向我问好,
并告诉我它来自哪里。
我们很快成为了好朋友,
一起玩耍,一起欢笑,
我用手把它举在空中旋转,
快乐地奔跑。
但是,快乐的时间总是很短暂,
唯一的办法,
就是去到它们的王国,

继续玩耍。

我接受了它的邀请,

整天和许多棉花糖快乐追逐。

在这里,

我不会饥饿,

不用喝水。

在这里,

没有战争,

没有仇恨。

突然一声呼喊,

原来是妈妈叫我起床了。

戴老师点评

　　小诗人用写诗的形式描写了一个童话故事,假设了一个自己理想中的棉花糖王国。小诗人借棉花糖王国之旅,表达了自己对快乐、自由、幸福的生活的向往。

　　第二种想象:夸张式想象是在诗人遵循艺术真实的基础上进行的,看起来不太合乎情理的一种想象。比如,圆圆的零／像鸡蛋／滚呀滚呀／滚出两只小太阳。这是一种夸张式想象,小诗人遵循了艺术的真实,零与鸡蛋有相似的地方,鸡蛋与太阳有相似的地方,两个太阳与双黄蛋又有相似的地方,小诗人通过夸张的想象——滚出两个小太阳,看起来不合情理,但是我们还是从这不合情理中看到了他的"言之有理",比如月亮湾小学朱琪俊的《燕子》。

蓝天姐姐

月亮湾小学　新苗文学社　廖依娜

蓝天姐姐是一位能干的好姐姐,
它给自己织了一件天蓝色的衣服,
穿上它是多么的漂亮。
它给白云姐姐织上了好多漂亮的衣服,
衣服的样式可多了,
有小白兔衣服,
有小白羊衣服,
还有大熊猫衣服,
把天空装饰美丽极了,
你真是一个能干的好姐姐。

戴老师点评

　　蓝天姐姐,多么可爱的称呼,它还会给自己织衣服,有小白兔衣服、小白羊衣服,还有大熊猫衣服,真能干!夸张的想象,描绘了一个美好的意境。你也一定希望有这么一个心灵手巧的姐姐吧,那就展开你神奇的想象吧。

燕子

月亮湾小学　新苗文学社　朱琪俊

小燕子，
多么漂亮的小燕子！
你的燕尾服多特别呀，
是你妈妈帮你做的吧，
可不可以跟你妈妈说说，
帮我也做一套，
顺便再来一双翅膀吧，
让我也可以和你一样，
飞翔在蓝天上。

戴老师点评

　　把燕子的羽毛想象成燕尾服，小诗人把小燕子当作人来写，那是你妈妈帮你做的吧，可不可以帮我也做一套，再加上一对翅膀，多么夸张的想象，令人忍俊不禁。赞！

地球

月亮湾小学　新苗文学社　吴子潇

地球，是个调皮的孩子，
整天转着圈玩，
他转一圈可不得了，
我们就过了一整天。
地球，他不是个寂寞的孩子，
太阳是他的大哥，
月亮是他的妹妹，
白天，
太阳哥哥温暖地照着大地，
像在抚摸着他的身体。
晚上，
月亮妹妹顽皮地眨着眼睛，
看着快要熟睡的哥哥。

戴老师点评

地球绕着太阳转，一转就是一整天，这平常的自然现象，你注意到了吗？小诗人展开神奇的想象，太阳是地球的大哥，月亮是它的妹妹，夸张的想象使整首小诗显得亲切、活泼。

毛毛虫变蝴蝶

月亮湾小学　新苗文学社　张成成

一天，
从卵里爬出了一条，
一条小小的毛毛虫。
它长得很丑，
小伙伴们都嘲笑它，
"你就是个丑八怪！"
可怜的毛毛虫伤心又难过，
它很孤寂。
每天寂寞地吃着树叶。
直到有一天，
它变成了茧。
可怜的它还是被当成足球踢，
突然，从这个足球里，
飞出了一只小小的蝴蝶，
它就是由毛毛虫变成的蝴蝶。
它快乐地飞向了远方。

戴老师点评

你看过由毛毛虫褪变成蝴蝶的过程吗？小诗人好像在写毛毛虫化茧成蝶，又好像在写人的成长与变化，似乎小诗人也希望自己能像毛毛虫一样化为蝴蝶，飞向远方。小诗人运用夸张的想象，表达了自己美好的愿望。你也有这样美好的愿望吗？

绘图：月亮湾小学　五（5）班　李嘉怡
绘图指导教师：吴蕊

第三种想象： 接近式想象是指两件事物在时间和空间上比较接近，人们经常习惯性地把他们联系在一起，因而很自然会从其中的一个联想到另一个。所谓的"睹物思人""爱屋及乌"等说的正是这种现象。

温暖的墙

诗 / 韦娅

我等待了很久
等待星星
从黑天中耀出
等待无数道光芒
洒进
我的窗户

温暖的墙
像一团小小的火
把我轻轻围住
我从墙外的天空望去
不相信
星星会真的
真的不再来看我

嘘

　　　　墙缝里

　　有许多发亮的石头

　　　那是星星在

　　　　睡觉

戴老师点评

　　诗人运用接近式联想,在星星、石头、温暖的墙之间切换,诗人等待星星的到来,如等待温暖的墙,在等待中寻觅,担心忧虑,并在焦急的等待中自我安慰。发亮的石头,那是在睡觉的星星。描绘了一个如梦境一般的诗的意境。

第四种想象： 类似式想象所述对象之间不是同类，而是某种性质相似。运用强制关联法，使两个不相关的事物产生关联。我们常用的比喻、拟人等修辞手法，本质上都是类似联想。

透明的风

诗/韦娅

透明的风
跳进透明的旅途
把透明的思绪
悄悄地撒了一路

风儿朴朴素素
既不涂胭脂
也不扑香粉
看不见，摸不着

灯下读书
我却听见
风的耳语
风的督促

戴老师点评

诗人用简洁、充满诗意的语言，展开想象，把风儿当作人来写，朴素，不涂脂抹粉，从简单的事情里，写出了生活的温馨。

太阳

月亮湾小学　新苗文学社　张紫欢

太阳，太阳，
你像一个神奇的魔术师，
把满地的积雪变没了，
让小河哗哗唱起了歌儿，
让小草探出了头，
让小花露出了笑脸。

太阳，太阳，
你光芒四射，
亮得让我睁不开眼，
亮得蚯蚓不敢钻出地面，
亮得鱼儿不敢出来吐泡泡。

戴老师点评

　　太阳是个神奇的魔术师，太阳和魔术师非同类，但是它们有相似的特征，它们同样使事物产生神奇的变化。太阳让小河哗哗地唱起了歌，让小草探出了头，小花露出笑脸，写得生动有趣。

第五种想象：对比式想象是把性质截然不同或情境完全相反的表象连接起来，从而在强烈的反差中把握诗人要表达的主题。两个事物间因大小、强弱、色彩、时间、空间、善恶形成对比，将两对比强烈的事物并置。使两者产生联系，常须要运用夸张、反讽或否定等手法，如张秋生的《蜗牛和兔子》。

蜗牛和兔子

诗／张秋生

蜗牛行动缓慢
兔子快得一溜烟
在一次偶然中
兔子和蜗牛
在一棵老树下
相见
时间虽短，他们
却谈得十分投缘
分别时刻

兔子说
我会记住你的
不论我跑得多远
蜗牛说
我也会思念你的

虽然我

总是走得那么缓慢

在这世界中,也许

兔子和蜗牛

再也

无法见面

但你相信吗,一旦

成了难忘的朋友

不管在哪里

他们都会彼此思念

戴老师点评

兔子和蜗牛,一个快,一个慢,形成强烈对比,使他们之间产生联系,成为朋友,达到了特殊的艺术效果。儿童是最富于想象和联想的,他们总是用自己创造性的想象来认识并诠释世界上的事物。在他们通过想象而诗化的世界里,花儿会笑、鸟儿会唱、草儿会舞、鱼儿会说……因此,童诗必须以符合儿童心理的丰富想象创造优美的意境,抒发儿童的童真童趣,让儿童在奇妙多姿的世界里,展开想象的翅膀,感悟诗的题旨。

细观察

在生活中独创。"模仿"只是帮助孩子写童诗的拐棍,"创新"才是最有力的武器。童诗的题材是最为广泛、自由的,上至日月星辰、风霜雨雪,下至鸟兽虫鱼、花草树木,无论是有生命还是无生命,有形还是无形,具体还是抽象,都可以入诗,我们老师要有意识地引导儿童走到生活中去,去捕捉自然界最细微而感受深刻的表象。让孩子具有一颗诗心,让孩子融入社会,融入生活,学会观察、思考、想象,并从中学会表达,就一定能写出好诗来。

激烈的跑步比赛

月亮湾小学　新苗文学社　赖栩鑫

赢了,赢了,
那个帅气的小男孩,
第一个冲过了终点。
欢呼声,
尖叫声,
响成一片。

下课了,
操场上,
一场激烈的跑步比赛正在进行,
小运动员们,
紧绷着小脸,
站在起跑线上,
做好了冲刺的准备。

那旁边的小裁判,
严肃得好像战场上的将军。
随着一声令下,
如同脱缰的野马,
开始了冲刺。

操场上，
震耳欲聋的加油声，
此起彼伏。
随着一个一个地冲过终点，

欢呼声，尖叫声，
操场上早成了沸腾的海洋。

戴老师点评

　　小诗人一开始就描写了一个帅气的小男孩最先冲过终点的场景，具有画面感。然后用简洁而具有节奏感的语言，描写了这场课后自行组织的跑步比赛，既有面的描写，又有点的描写，从生活中取材，具有浓厚的生活气息，赞！

可怜的小鱼

月亮湾小学　新苗文学社　代诗晨

哗啦啦，哗啦啦，
大海轻柔地拍打着沙滩，
发出美妙的乐音，
和风声混合在一起，
构成了美妙的交响乐。
我漫步在松软的沙滩上，
多美丽的小贝壳呀，
我弯腰捡起，
细细欣赏。
咦？
沙滩上还有一条小鱼，
它金色的身子，
咕咕的嘴巴，
小嘴一张一合，
可爱极了。
我把它捧在手心，
放入贝壳里，
盛上一些水，
从此，让它和贝壳做伴，
一起环游世界。

戴老师点评

　　小诗人从生活中取材,一开始就描写了一个海浪拍击沙滩的场景,具有画面感。在这样的美景中小诗人漫步沙滩捡到了一条小鱼,小诗人把它放在贝壳里,让它与贝壳做伴,环游世界,多么温馨、浪漫的一幕。

绘图:月亮湾小学　五(5)班　李嘉怡
绘图指导教师:吴蕊

足球

月亮湾小学　新苗文学社　韩雨萱

足球呀足球，

神奇的足球，

你是绿茵场上的一枚珍珠，

牵动着所有观众的心。

足球呀足球，

可爱的足球，

你穿着黑白相间的衣裳，

在草地上飞跃，

一声大喊：射门。

激动了多少人的心。

足球呀，足球，

顽皮的足球，

你逗多少人为你追逐，

为你喝彩，

为你疯狂。

戴老师点评

"足球呀足球，神奇的足球。""足球呀足球，可爱的足球。""足球呀足球，顽皮的足球。"小诗人反复吟咏，直抒胸臆，表达了人们对足球的喜爱，对足球的疯狂，作者从生活中选材，棒！

风筝

月亮湾小学　新苗文学社　邹佳惠

春风姐姐在空中跑,
风筝妹妹在空中追,
他们你追我赶,
是一对顽皮的好姐妹。

看他们快乐地在空中游戏,
羡慕坏了看热闹的小孩儿,
他们也追着风筝奔跑,
春风与风筝,
风筝与小孩,
是草地上最美的风景。

戴老师点评

　　小诗人从生活中寻找素材,抓住了春风和风筝互相追逐,小孩与风筝互相追逐的画面,写出了小孩儿玩耍的欢乐,充满童心童趣。

漂亮的玫瑰花裙子

月亮湾小学　新苗文学社　李青栩

在碧绿的草地上，
盛开着许多美丽的玫瑰花，
我东摘一朵，
西摘一朵，
我胸前的口袋鼓得像爸爸的大肚子，
回家后，
奶奶帮我把玫瑰花粘在裙子上，
啊，我穿上了漂亮的玫瑰花裙子。

戴老师点评

春天来了，小草醒了，花儿开了，在如诗如画的春天，你会摘下很多的玫瑰花，让奶奶帮你做成玫瑰花裙子吗？小诗人从生活中取材，写出了春天的美好，春天的快乐！

坐火车

月亮湾小学　新苗文学社　桂溪

爸爸带我坐火车,
火车开动的时候,
窗外的东西就动起来。
山开始往后退,
树开始往后退,
房子也往后退。
哇！什么东西都往后退,
好怪好快啊,
我们都不用走路,
一下子到了湖北。

戴老师点评

　　坐火车的时候,窗外的事物都往后退,这是生活中最常见的现象,你有没有注意到,其实只要我们善于观察,生活中处处都是诗！

妈妈,我想对您说

月亮湾小学　新苗文学社　叶金慧

妈妈,
我想对您说,
不要总是在我的耳边唠叨,
我的耳朵都快听得起茧子了。
妈妈,
我想对您说,
不要老拿我跟别人比较,
这样会让我很没自信。
妈妈,
我想对您说,
不要在我伤心的时候骂我,
那样会让我更难过。

戴老师点评

　　小诗人直抒胸臆,表达了自己的苦恼,希望在平时的生活中,妈妈可以少些唠叨,不要老拿自己跟别人比,你呢?是不是也有心里话想对妈妈说呢,你也可以通过写诗来表达哟。

影子

月亮湾小学　新苗文学社　李妍颜

每一天，
我身后总有一个小跟班，
早上，太阳迎面照来，
它躲在我身后。
中午，太阳在我头顶上，
它又跑到了我的脚下，
下午，放学回家时，
它又跟在我身前。
它每天都跟着我，
它有时长，
有时粗，
有时细。
小朋友们，
你们知道它是什么吗？

戴老师点评

影子是我们生活中常见的，小诗人用猜谜的形式，把它写成了一首诗。它像一个小跟班，淘气地跟我捉迷藏，一会儿躲她身后，一会儿跑到她脚下，一会儿在她身前，一会儿长，一会儿短，一会儿粗，一会儿细，小朋友，你猜出来了吗？

足球

月亮湾小学　新苗文学社　李妍颜

在一片绿茵茵的球场上,
球员们在飞奔着,
一颗小小的足球,
在球场中飞跃,
球员们奋力地踢着,
随着观众的疯狂的欢呼,
它飞进了球门。
场下传来一阵热烈的掌声。
小小的足球让人疯狂。

戴老师点评

"随着观众疯狂地叫喊,它飞进了球门。场下传来一阵热烈的掌声。"小诗人通过描写生活中对足球狂热的画面,生动地再现了足球场上的场景,写得生动、活泼、有趣。

抓住事物的特征。观察是一种心理活动，与个人的感受有关。因此，同一事物，每个人的视角不同、认知不同、感受不同、方法不同、情绪不同，就会得出不同的结果。

观察事物可以从"色""声""香""味""触"来感受，即通过运用眼、耳、鼻、舌、身、意等直接感受。从表到里，获得童诗创作的素材。观察要专注事物的特征，找出符合自己感情的创意，这样就能写出具有创意的童诗了。生活中万事万物都可以入诗，在于你的观察，在于你的感受，在于你是否能把你的感受转化为你情感的创意点，这样就可以写诗了。有形的东西我们好观察，对于无形的东西呢？比如，风是无色无味，不可触摸的，如何观察风呢？我们可以通过观察与风相关联的东西来了解风的特征。看春风轻轻吹过，你仿佛看到了什么？听到了什么？这就是风经过的足迹。其实，风还有味道、有颜色，还有形状？春风又有什么味道呢？春风吹来，田野里带蕴含着泥土的清香。你看春风的味道是甜的。春风是淡淡的，带着青草的气息；春风是粉嘟嘟的，带着像桃花一样的颜色；春风是金黄金黄的，带着像油菜花一样的颜色；春风还是雪白的，像梨花一样的颜色。春风像妈妈的手，柔柔的、软软的，你看春风还是有形状的。这是春天的风，那么夏天的风、秋天的风、冬天的风呢？通过老师的引导，借助与风相关联的事物，通过自己的感受，调动自己的感官，让风有了味道，有了色彩，有了形状，有了情感，也就有了诗。

沙滩上的欢迎会

月亮湾小学　新苗文学社　翁中秋

一条小鱼厌倦了海底自由自在的生活，
想到外面去看看世界，
经过与大海的商量，
大海妈妈决定派巨浪将它送上沙滩。
砰，砰，砰，
小鱼在巨浪的护送下来到了美丽的沙滩。
海螺奏起了乐曲，
来欢迎小鱼。
水草摇来摇去，
为小鱼舞蹈，
贝壳笑得裂开了嘴，
表示欢心。
海浪撞击着岩石，
轰—轰—轰—
为小鱼送行。
沙滩上一片欢呼，
欢迎这来自海底世界的客人。

戴老师点评

　　小诗人想象力丰富，用充满童心童趣的语言描写了这场沙滩上的欢迎会，海螺奏起了音乐，水草跳起了舞蹈，贝壳笑得咧开了嘴，海浪轰轰拍击岩石是为了送行，用生动的语言写出了这些事物的特征，妙！

春天的颜色

月亮湾小学　新苗文学社　李涵奕

春天啥颜色?
小草说:
春天是绿色的。
桃花说:
春天是红色的。
梨花说:
春天是白色的。
我说:
春天是彩色的。

戴老师点评

　　在小诗人的眼中,春天是彩色的,有时是绿色,有时是红色,有时是白色。小诗人对春天充满了神奇的想象,抓住了事物的特征来描写,充满童趣。

春妈妈

月亮湾小学　新苗文学社　王羽晨

春天是温柔美丽的,
大家都叫她春妈妈。
春妈妈拍拍手,
小草发芽了。
春妈妈笑了笑,
小花开花了。
春妈妈点点头,
小竹笋探出了头。
春妈妈大手一挥,
一切都变得生机勃勃。

戴老师点评

小诗人想象力丰富,写出了事物的特征。在小诗人眼中,春天是温柔美丽的,就像妈妈一样。在她的呵护下,小草发芽了,小花开花了,小竹笋探出了头,写出了春天的勃勃生机。

四季的眼睛

月亮湾小学　新苗文学社　黄欣悦

春姑娘来了，
你看，
那刚从睡梦中惊醒的花儿，
那就是春的眼睛。

夏天来了，
你看，
那大海中翻腾的浪花，
那就是夏的眼睛。

秋天来了，
你看，
那青草丛中晶莹的露珠，
那就是秋天的眼睛。

冬天来了，
你看，
那空中飘落的片片雪花，
那就是冬的眼睛。

戴老师点评

　　小诗人眼中春天怒放的花，夏天的浪花，秋天的露珠，冬天的雪花，他们都是四季的眼睛，小诗人抓住了四季的特征展开想象，想象力丰富，写出了四季景物的特点。赞！

　　　　　绘图：月亮湾小学　五（5）班　王禹睿
　　　　　绘图指导教师：吴蕊

枫叶

月亮湾小学　新苗文学社　杨湘军

枫叶是秋天的使者，

你看，

火红的枫叶，

犹如一只只美丽的蝴蝶，

在树林里飞舞，

真美丽！

我多想，

化作一片枫叶，

在这秋天美好的季节里，

翩翩起舞。

戴老师点评

秋天来了，树叶落了，你是否观察过那林中漫天飞舞的火红的枫叶？小诗人抓住了枫叶的特征，像一只只美丽的蝴蝶，多美呀！如果是我，也想像小诗人一样化身为一片美丽的枫叶，在这林中翩翩起舞呢。

四季

月亮湾小学　新苗文学社　薛文清

春姑娘向我们快步走来，
给我们带来了温暖，
小草发芽了，
小动物醒来了。

夏阿姨慢慢地向我们走来，
带给我们炎热，
人们脱下厚厚的棉袄，
下水游泳。

秋奶奶是个大富婆，
果园里，
果子熟了，
人们正忙着采摘呢！

冬爷爷踏着沉重的步子向我们走来，
眼前一下子变得雪白雪白，
人们都穿上了厚厚的棉衣。
一年四季真美丽！

戴老师点评

　　小诗人抓住了春天景物的特征展开想象，春天是年轻的姑娘，夏天是阿姨，秋天是富婆，冬天是爷爷，多么有趣呀。在小诗人的眼中，大自然的一切都是有生命的，他们像人一样富有情感。

绘图：月亮湾小学　五（5）班　肖一诺
绘图指导教师：吴蕊

四季的树

月亮湾小学　新苗文学社　张绮桐

春天，
花开了，
树醒了，
鸟儿飞到大树上，
为大树唱起了动听的歌。
夏天，
太阳照射着大地，
人们躲在树下乘凉，
大树张开了大伞，
为人们遮荫。
秋天，
迎着秋风，
大树摇摆着身子，
树叶纷纷飘落，
像一只只七彩的蝴蝶，
飘落地上化作春泥。
冬天，
大树换上了雪白的衣服，
在冷风中挺立，
如一个白衣仙女，
看着孩子们在雪地上快乐的玩耍。

戴老师点评

在不同的季节，树木有什么不同呢？小诗人细心观察，描写了春、夏、秋、冬的树的特点，小诗人把树当作人来写。春天，树醒了，小鸟为大树唱起了歌；夏天，树木张开大伞为人们遮荫；秋天，树叶飘落，像七彩的蝴蝶；冬天，树木还会看着孩子们玩耍呢。小诗人观察得多么仔细呀，你也可以这样来感受大自然。

绘图：月亮湾小学　五（5）班　肖一诺
绘图指导教师：吴蕊

四季

月亮湾小学　新苗文学社　吴子潇

一年四季都有不同的美景，
春姑娘来了，
万物复苏，柳绿花红。
夏妈妈来了，
炎热无比，大汗淋淋。
秋外婆来了，
秋高气爽，五谷丰登。
冬奶奶来了，
白雪皑皑，滴水成冰。

戴老师点评

　　小诗人运用拟人的手法，写得很形象，很生动，描写了四季景物的特点。读读这首诗，你就感受到了四季的美，你就懂得了四季的美需要一双善于发现的眼睛。

春姑娘来了

月亮湾小学　新苗文学社　陈美辰

春天像一个美丽的小姑娘，
她在茫茫的人海中，
悄悄地，
悄悄地，
来了。
她给大地带来一片鲜绿，
她给花园带来了满园的鲜花，
她给小朋友带来欢声笑语。

戴老师点评

在小诗人眼中，春天是美丽的姑娘，充满了生机，充满了活力。小诗人抓住春的特征，写出了诗情与画意，抒发了对春天的喜爱。

春天在哪里

月亮湾小学　新苗文学社　黄文意

春天在哪里?
农民伯伯说:
春天在田野上,
你看那田野里,
农民伯伯开始播种了。

春天在哪里?
小草说:
春天在公园里。
你看,
那各种各样的鲜花,
映红了小朋友们的笑脸。

春天在哪里?
小蜜蜂说:
春天在花丛里。
你看,
那五颜六色的花朵,
散发出阵阵清香,
在等着我们去采蜜呢。

戴老师点评

小诗人不停地追问:春天在哪里。通过农民伯伯、小草、蜜蜂的回答,告诉我们春天来了,大地处处都是春天,并运用反复的手法,写出了春天的特征与美。

勤修改

好文章是改出来的，好童诗也是改出来的。鲁兵的《下巴上的洞洞》从初稿到1980年发表的定稿经历了二十四个春秋。这二十几年中，诗人对诗歌进行了反复的修改，从诗的题目到诗的语言都进行了很大的改动，最终才形成了一首深受读者喜爱的童诗。我们小朋友要向诗人、作家学习，反复诵读，感受读起来是否顺口，在反复诵读中认真琢磨，反复推敲，反复修改。

从修改中掌握写作的技巧。一首好的童诗，语言需精炼，富有节奏感，构思需新颖，会灵活运用比喻、拟人、想象的写作技巧，富有童心童趣，必须体现情感美和意境美。我们在写完自己的作品后，要反复朗读，看是否读起来顺口，把读起来听起来不顺口的句子改顺口。修改童诗光靠读不行，你还得边读边仔细地琢磨，这首诗构思是否新颖，童诗语言是否简洁，是否富有节奏感。即便是白描，也要让诗的语言从白描中体现质朴美，色香味声俱全。希望下面的童诗原稿与修改稿的对比能为小读者带来启发。

原稿

剪羊毛

月亮湾小学　新苗文学社　胡锦程

剪羊毛，
小羊啊，
小羊啊，
请你不要再跑了，
这么热的天气里，
我来帮你脱棉袄。

修改稿

剪羊毛

月亮湾小学　新苗文学社　胡锦程

剪羊毛，
剪羊毛，
大家都来剪羊毛。

小羊小羊你别怕，
小羊小羊你别跑，
怕你热得受不了，
我来帮你脱棉袄。

戴老师点评

原稿中"这么热的天气里,我来帮你脱棉袄"构思新颖,把"剪羊毛"比喻为"脱棉袄"形象生动,富有童心童趣。"剪羊毛,小羊啊,小羊啊"虽说也是三个字、三个字、三个字对称,但是感觉读起来特别拗口,从"毛"到"啊"不押韵,读起来没有节奏感,所以我帮他进行了修改,变成了"剪羊毛,剪羊毛,大家都来剪羊毛。"这样读起来就有节奏的味了。再帮他丰富了些内容,加上了"小羊小羊你别怕,小羊小羊你别跑,怕你热得受不了,我来帮你脱棉袄。"诗的第二小节压"ao"韵,读起来富有韵律感。经过修改,语言简洁了,句子与句子之间对称了、押韵了,诗行也整齐了,读起来朗朗上口,表现出童心与童趣。

原稿

天空奏乐团

月亮湾小学　新苗文学社　邹嘉慧

轰隆隆，
轰隆隆，
别怕别怕，
你听你听，
雷公公只是在唱歌哟。
不信，
你再听。

哗啦啦，
哗啦啦，
那是乌云哥哥在吹号角吗？
多美妙的歌声。

呱呱呱，
呱呱呱，
青蛙在歌唱。
轰隆隆，
哗啦啦，
呱呱呱，
原来天空在奏乐哟。

修改稿

大自然的交响曲

月亮湾小学　新苗文学社　邹嘉慧

轰隆隆，
轰隆隆，
春雷阵阵，
雷公公敲响了春天的鼓点，
告诉大家春天来了。

哗啦啦，
哗啦啦，
春雨绵绵，
雨婆婆奏响了春的乐曲，
欢迎春的到来。

呱呱呱，
呱呱呱，
雨后的荷叶上，
大肚皮的青蛙也唱开了，
为大家报告春的消息。

　　　　轰隆隆,

　　　　哗啦啦,

　　　　呱呱呱,

　　他们共同演奏了一首——

　　　大自然的交响曲。

戴老师点评

　　这首小诗构思新颖,但是题目"天空奏乐团"有些缺少诗意,缺乏诗的美感,因此建议她改成"大自然的交响曲"。诗的第一小节"轰隆隆,轰隆隆/别怕,别怕/你听,你听"读起来朗朗上口,具有节奏感,可后面的诗句"雷公公只是在唱歌哟。不信,你再听"就突然没有了诗的味道,感觉像在写散文。第二小节,建议小诗人把"乌云哥哥"改成了"雨婆婆",这样"雷公公"与"雨婆婆"相互对称,才会具有节奏美。然后把第二小节和第三小节都改成了相同的句式,造成一咏三叹的效果,让情感和内容的反复咏叹体现童诗的音乐美。最后提醒她点题,写出诗的意境美。通过讲评,点拨,她修改后的诗体现了一种意境的美,可见,好的童诗是改出来的。在这首诗中叠音词的使用也使这首童诗的语言具有节奏感。"轰隆隆""哗啦啦""呱呱呱"等叠音词的大量使用,使这首童诗读起来具有节奏感,体现了音乐美。

巧模仿

从学习中模仿。

童诗是有生命的，是灵动的，是流淌的，它能润泽我们的生命。我们要和孩子一起阅读童诗，一起去欣赏经典，童诗从经典的童诗中学会欣赏诗的语言美、音乐美、质朴美、想象美、建筑美、抒情美、哲理美……

欣赏了大量的童诗，孩子们有了积累，有了思考，就要让他们敢于尝试，童诗创作可以从模仿开始。童诗的写作方法有很多，绝对不能直接告诉学生。要在指导阅读童诗教学过程中贯穿和渗透这些创作方法，让学生在朗读、理解、分析、评价、创造的过程中进行感悟、熏陶，在阅读实践和创作实践中去体会、去积累。绝不能用纯粹的写作方法来替代童诗的教学实践。要不留痕迹地把创作方法渗透到教学过程中，让创作方法的指导隐藏在教学的幕后。

比喻仿作法。比喻是童诗常用的一种修辞手法，可以说没有比喻就没有诗，没有比喻就没有童诗丰富的想象，就没有童诗语言的童心与童趣，比喻这种修辞手法在童诗创作中有着无与伦比的地位。在初学童诗创作时，首先可以从模仿开始。比如《苹果》这首诗：苹果是太阳的孩子／它是一个爱红脸的小胖子／苹果是一个小火炉／把美好燃烧／苹果在树枝上是一只鸟／它把一句话藏在了肚子里／那就是甜蜜。这首诗，小诗人多次运用比喻的修辞手法，把苹果比作是"爱脸红的小胖子、小火炉、一只鸟"，通过丰富的想象，赋予苹果更多的内涵。当然，这些与苹果之间有很多相似点。整首诗洋溢着浓浓的幸福与喜悦，传递着甜美的温馨，表达出小诗人对生活的热爱。那么苹果还是什么呢？我们可以仿照苹果的写法用比喻的修辞手法写一首诗。

月亮蛋糕

月亮湾小学　新苗文学社　曾伊琳

月亮圆圆，
像块蛋糕，
带着香气，
从凉丝丝的窗户钻了进来，
钻进了我的梦乡。
梦中的我，
带着甜丝丝的微笑，
追逐着蛋糕不放。
月亮真是个小捣蛋，
我总是追不着它，

累得只喘气。

月亮躲在天空，

在心里暗暗发笑。

第二天早晨醒来，

我还在想着月亮蛋糕，

可太阳公公已经开始抚摸我的脸颊。

戴老师点评

  在小诗人眼中，月亮像香香的蛋糕，贪吃的小诗人在梦中还在追逐着它；月亮蛋糕像个淘气的孩子，总是跟小诗人捉迷藏，躲在天空，暗暗发笑，大自然一切充满了灵气，生活中处处有诗呀！就看你是否会发现、会寻找、会想象、会描绘。

月亮

月亮湾小学　新苗文学社　李秋澜

月亮是小船,
船上坐嫦娥,
怀中抱玉兔,
说说又笑笑。

月亮是玉盘,
盘中装月饼,
吴刚和嫦娥,
吃得笑呵呵。

戴老师点评

　　你一定听妈妈讲过嫦娥、玉兔与吴刚的故事吧？当你在一个月明人静的夜晚，看着月亮，会不会产生无尽的遐想呢？小诗人在这样的夜晚，想象月亮是条小船，船上坐着嫦娥，怀里抱着玉兔在说说笑笑，又想象吴刚和嫦娥在笑呵呵地吃月饼，多么具有诗情画意呀！

拟人仿作法。刘饶民的《海上的风》运用了拟人的修辞手法，把"海浪"比作"花神""琴师""大力士""狮子"来写，写出了海上波浪滔天的壮观景象，非常形象生动。

海上的风

诗 / 刘饶民

海上的风是花神，

她一来，

就绽开万朵浪花……

海上的风是琴师，

她一来，

就奏出万种歌声……

海上的风是大力士，

他一来，

就送走了万片渔帆……

海上的风是狮子，

他一吼，

就掀起巨浪滔天……

月亮湾小学新苗文学社的尹浩仿照《海上的风》的写了一首小诗，另有新意，让人读起来别有一番滋味。

调皮的海浪

月亮湾小学　新苗文学社　尹浩

海浪是花神，

笑着跑过，

招来了千万朵浪花。

海浪是小偷，

它悄悄地来，

又悄悄地走，

卷走了我们堆的城堡。

海浪是粗心的妈妈，

匆匆奔来，

丢下一路的贝壳娃娃。

海浪是按摩师，

它调皮的滚来，

挠着我的小脚丫，

悄然藏起了我们的脚印。

戴老师点评

小诗人发挥自己的想象力，让海浪化身为漂亮的花神、可爱的小偷、粗心的妈妈、调皮的按摩师，并用生动、有趣的语言把它们的形象展现出来，真棒！

善用联想仿作法。有时，一首诗的创作会运用到多种写作方法。我带孩子们阅读了薛卫民《女孩与小溪》，小溪像你／你像小溪……／"哗哗啦啦"地说话／没有骗人的言语／一捧清澈的感情／一望就可以见底／你像小溪／小溪像你……／总是让遥远牵手诗意／从不因弯曲而委屈／总是带上两岸的风光／一路歌唱一路美丽／小溪爱你／你爱小溪……

引导孩子们从这个具体的、实实在在的《我和小溪》的故事进行联想，训练孩子们的发散思维。在我的启发下，运用联想，学生创作的思维一下子打开了，他们联想到《女孩和花朵》《男孩与太阳》《小鱼与海洋》《男孩与水牛》……而且素材广泛，诗意盎然。这样的联想让学生点亮了创作的火花，激发了创作的激情，张力十足，是一种非常有效的思维方式。"没有骗人的言语，一捧清澈的感情"诗歌中又运用了拟人的手法，把小溪赋予了人的情感。笔者运用仿作法指导学生，分析了它的写法，以及仿作的要求，形式尽量相同，内容尽量不同，语言尽量模仿原作的意象。孩子们写出了很不错的作品。

这些诗形式与原作相同，可内容不同，写出了新的诗的意向。指导儿童写诗，除了上面提到的介绍技巧与仿作法外，还有许多方法，如改写法、接龙法、组合法、反复法、想象法等。教师如果能够指导儿童知道写什么以及具备怎样写的能力，就已经带他们开启了童诗教育的大门。

男孩与小河

月亮湾小学　新苗文学社　黄堉铭

小河爱你

你爱小河

小河

你轻轻地淌

淌走了童年

小河

你慢慢地漾

漾走了思念

小河

你悠悠地唱

唱起了我们心中最美的歌

小河爱你

你爱小河……

戴老师点评

小诗人反复吟唱,小河爱你,你爱小河,并且使用了直抒胸臆的手法,表达了小男孩对家乡小河的思念和深情,赞!

花和叶

月亮湾小学　新苗文学社　蒋依星

花和叶，
叶和花，
形影不离，
相依相伴，
"沙沙沙沙的"悄悄话，
总是说也说不完，
风姑娘是他们友谊的见证。
你挨着我，
我挨着你。
相偎相伴，
开开心心哎，
叶爱花，
花爱叶。
叶没有花会失去了光彩，
花没有了叶会孤独与寂寞。
花和叶，
叶和花，
生生世世不分离。

戴老师点评

　　风吹树叶总会"沙沙沙沙"的响，会挨挨挤挤互相碰撞，在小诗人眼中，这一寻常的自然现是花与叶友谊的体现，那是亲密的交流，是彼此的相依相伴，在小诗人眼中，一切景语皆情语。

绘图：月亮湾小学　五（5）班　肖一诺
绘图指导教师：吴蕊

大树与小鸟

月亮湾小学　新苗文学社　李贝尔

大树爱小鸟，
小鸟爱大树。
它们是形影不离的好朋友。
每天清晨，
都会听到小鸟的鸣叫，
那是小鸟对大树的叮咛。
风摇动着大树，
树叶沙沙，
那是大树对小鸟的感激。
小鸟爱大树，
大树爱小鸟。
大树和小鸟，
永远不分离。

戴老师点评

　　小诗人是一个多情的孩子，小鸟的鸣叫，那是对大树的叮咛，风吹树叶，树叶沙沙，那是大树对小鸟的感激。在小诗人眼中，一切的事物都是有情感的。

修辞手法在童诗中的运用。不管是写文还是童诗的创作，都要牵涉到修辞。修辞可以使语言更形象、更生动、更准确。掌握和了解修辞手法能增强读者对诗文的了解。善用修辞，往往能获得灵动的诗句，表达鲜明的意象。常见的修辞有：比喻、拟人、夸张、对比、反复、转化、映衬等。

比喻。比喻即通过两类不同事物的相似点来描绘事物或说明道理。比喻可以获得意象，以熟悉的旧经验，去说明难知的事物，达到认识的效果。使事物生动、形象、具体，给人以鲜明的印象，化无形为有形。使深奥的道理浅显化，抽象的道理形象化。比如，《春天站在我的枝头》"蝴蝶飞在我的手心／我的手是一朵美丽的小花／小花握在我的手里／我的手是一座馨香的花园／小鸟停在我的肩膀上／我的肩膀就是一个温馨的鸟巢／我是一棵参天的大树／春天站在我的枝头。"小诗人运用了一系列的比喻，把"我的手"比作"小花""馨香的花园"，把"我的肩膀"比作"温馨的鸟巢"，把"我"比作"参天大树"，这些比喻让这首小诗充满了童心童趣。"春天站在我的枝头。"是这首诗的诗眼，点亮了整首诗，诗句既写出了我的惊喜，也写出了我的希望，愿春天永驻人间！当然，诗中的春天也可以不仅仅是季节上的春天，它泛指一切美好的事物。

影子

月亮湾小学　新苗文学社　李贝尔

影子是个跟屁虫，
早晨，
我去学校，
它也去学校。
影子是个跟屁虫，
我上体育课，
它也跟着上体育课。
影子真是个烦人鬼，
我做什么，
它就跟着做什么。

戴老师点评

影子总是与我们如影随形，它像另一个"我"，紧紧追着我们的脚步，小诗人把影子比作跟屁虫，影子是烦人鬼，你呢？你喜欢影子吗？在你的眼中，影子又是什么呢？

下雨了

月亮湾小学　新苗文学社　吴子潇

下雨了，

下雨了，

小雨滴答、滴答。

小朋友们在雨中玩耍，

奔跑着，

跳跃着，

溅起的小水花，

像极啦，

一颗颗晶莹的珍珠。

戴老师点评

　　喜欢下小雨的日子吗？有没有试过在细雨濛濛日子，仰望天空，让凉凉的雨丝轻轻地落在脸上，多么舒服呀！小诗人还在雨雾中奔跑、欢笑呢，她的这种快乐有没有感染到你呢？小水花像晶莹的珍珠，运用了比喻与拟人的修辞，写出了童心与童趣。

雪花

月亮湾小学　新苗文学社　梁洁莹

雪花，
　是天空妈妈，
　租给大地的棉絮，
　好让它做温暖的被子。
雪花，
　是圣诞老人，
　送给我们的礼物，
　让每个孩子都幸福快乐！

戴老师点评

　　冬天到了，你一定很喜欢纷纷扬扬飘落的雪花吧，它把大地装扮成童话般的世界。在小诗人眼中，雪花是天空妈妈租给大地的棉被，好让它做温暖的被子，它也是圣诞老人送给我们的礼物。在你的眼中，小雪花又是什么呢？

拟人。拟人是通过想象把物当作人加以描述，使事物具有人的行为、人的情感的修辞手法，能使读者对所表达事物产生鲜明的印象，产生强烈的感情，引起共鸣，使物与人同喜同悲。比如，《晒衣服》中"顽皮的衣服爱玩水／弄得全身湿哒哒／妈妈怕它感冒了／连忙把它晒在太阳地下／太阳公公最好心／给衣服温暖／哇！衣服舒服地睡了"

这首诗将衣服拟人化，衣服调皮捣蛋爱玩水，将自己的身体弄湿了。妈妈怕衣服感冒，只好把它晾在阳光底下。太阳很好心，让衣服温温暖暖舒舒服服地睡着了。小诗人运用拟人化的写诗技巧，让诗充满人情味，衣服如顽童的形象就显现出来。

小弟弟的画

月亮湾小学　新苗文学社　叶佳欣

公鸡是画面的主角，
它用那响亮的歌声，
唤醒了沉睡的大地，
开启了新的一天的希望。

小鸟是画面的主角，
它站在枝头，
把太阳歌唱，
叽叽喳喳，

唤醒了整个森林。

风是画里的主角，
它给柳树梳理着头发，
左一梳，右一梳，
把柳树姑娘打扮得漂亮又美丽。

小朋友也是画面的主角，
他们用声声朗读，
唤醒了沉睡的校园，
让校园充满勃勃生机。

戴老师点评

  小诗人用浅白而具有节奏感的语言，生动地描绘了小弟弟画里的内容，展开了丰富的想象力。公鸡把沉睡的大地唤醒、小鸟在为太阳歌唱、风为柳树姑娘梳妆，运用拟人的写法，让诗作充满童心与童趣。

小雨滴

月亮湾小学　新苗文学社　廖舒怡

小雨滴呀真神奇！
它是个热心的大好人，
它飘落在小花朵上，
　花儿变美了。
它轻轻地落在大树上，
　大树变强壮了。
它停在小草上休息，
　小草变绿了。
　小雨滴呀，
真是个神奇的魔术师。

戴老师点评

　　小诗人在生活中细心观察，描写了下雨后大自然的变化。下雨了，花儿更美，小草更绿，小雨滴就像个神奇的魔术师。小诗人把小雨滴当作人来写，巧妙而有趣。

手

月亮湾小学　新苗文学社　安涵

一只手上五兄弟，
　名字不同，
　个子不一，
　但是心连着心。
　　手，
生活中少不了你，
洗衣做饭你真行，
　做作业，
　你来拿铅笔，
五兄弟齐心合力，
一起把作业来完成。
人人都有一双巧巧手，
改变世界全靠它。

戴老师点评

　　这首诗很有趣，它用拟人的手法，把人的五根手指当作是五个人来写，它们齐心合力，改变世界。这首诗写的是五根手指，但也好像是写五个兄弟。你想想看，如果生活中有五个兄弟团结合作，力量是不是会更强大呢？

小星星

月亮湾小学　新苗文学社　杨湘君

在蓝得发黑的夜空，
住着一群活泼可爱的小精灵，
它们的名字就叫小星星。
它们拥有闪闪发光的身躯，
在夜空中，
和它们的月亮妈妈一起，
为我们照亮前行的路。
小星星，
我爱你。

戴老师点评

　　小星星是住在夜空中的精灵，它和月亮妈妈一起为我们照亮前行的路，在小诗人眼中，星星、月亮都是有灵感的，都是充满灵气的，大自然就是这么奇妙。你也有过这样神奇的想象吗？

小雪花

月亮湾小学　新苗文学社　陈曦

小雪花，
飘呀飘，
白白的花，
小小的花。
它给大树裹银装，
它给草地披白袄，
好像鹅毛落大地。
小雪花，
真美丽，
农民伯伯感谢你。

戴老师点评

"白白的花，小小的花，它给大树裹银装，它给草地披白袄"小诗人用极富节奏感，极具音乐性的语言，描写了小雪花飘落大地的景象，把这美好的意境带给读者，真的很棒！

月亮

月亮湾小学　新苗文学社　李涵奕

月亮弯弯,
照在小河上,
小鱼说:
月亮和我好。

月亮弯弯,
挂在树梢上,
树叶说:
月亮和我好。

月亮弯弯,
印在窗棂上,
小宝宝在梦中说:
月亮和我好。

月亮弯弯,
照亮了大地,
月亮说:
我都和你们好,
因为,
我喜欢和你们交朋友。

戴老师点评

　　小诗人运用小节反复的写法，通过小鱼、树叶、小宝宝的话"月亮和我好"，写出了大家对月亮的喜爱之情，把月亮和一切事物都赋予了人的情感，小诗人的想象形象而生动，令人心驰神往。

　　　　　绘图：月亮湾小学　五（5）班　陈虹
　　　　　绘图指导教师：吴蕊

小小的足球

月亮湾小学　新苗文学社　刘佳惠

小小的足球，

在球场上飞跃，

当球员凌空一脚，

它都会如流星般在空中划过一道美丽的弧线，

这时，

它会骄傲地宣布：

你看，

我飞得多高，

胜利一定是属于我的主人的。

戴老师点评

　　这首小诗一开始就描写了球场上比赛的画面，小诗人把足球当人来描写。通过小足球骄傲地宣布"我飞得多高"，表达了球员的自信，活泼可爱，让足球充满了生机。

会变脸的太阳

月亮湾小学　新苗文学社　刘佳惠

太阳，太阳，
早上，我还没起床呢，
你就悄悄地，悄悄地，
从海面上蹦出来，
得意地把光芒洒满大地，
你就像一个调皮的小孩。

有时，你躲进云层，
只露出半边小脸，
看你羞得满脸通红的模样，
是遇到你喜欢的人了吗？
羞答答的像个小姑娘。

有时你干脆消失不见了，
只见满天的雨滴一点一滴往下掉，
那一定是你伤心的泪水。
是谁欺负了你，
告诉我，
让我去教训他。

戴老师点评

在小诗人眼中，太阳是有情感的，有时会得意的像个调皮的小孩，有时会羞答答像个姑娘，有时会留下伤心的泪水。太阳的泪水是什么？哦，原来是雨滴。小作者想象力丰富，语言充满童心童趣。

绘图：月亮湾小学　五（5）班　陈虹
绘图指导教师：吴蕊

太阳与月亮

月亮湾小学　新苗文学社　单远洋

早晨，
太阳悄悄地爬过山头，
羞答答的，
连头都不敢抬起来，
连云儿都被它给羞红了。
中午，他高高地站在天空，
给小草打气，
好让它早日破土而出。
黄昏，他似乎喝醉了酒，
醉倒在大山的后面，
睡着了。
夜晚，月亮趁机偷走了他的光，
把自己装扮得又大又圆。
骄傲地站在天边，
不会是嫦娥姐姐教坏她的吧。

戴老师点评

　　小诗人借助大自然的自然现象，把太阳当作人来写，太阳落在山腰是醉倒在山腰，夜晚调皮的月亮趁机偷走了太阳的光，把自己装扮得又大又圆。在小诗人得眼中，太阳和月亮好像一对顽皮的兄妹，也像小朋友一样欢欢笑笑。

夸张。夸张即故意夸大或缩小表达对象的某种特征或品格，强烈地表达作者对所要表达人或事物的感情态度。夸张是儿童文学的生命，所以，童诗创作会经常用到夸张的写法。夸张距离事实很远，但渲染的效果却让人感到理所当然。

颠倒歌

月亮湾小学　新苗文学社　周晨西

天上挂着个大烤鸭，
桌上太阳盆里装，
小小蚂蚁水中游，
小小鱼儿天上飞，
大树顶上长西瓜，
苹果长在矮草丛，
吃酸奶，喝葡萄，
背着学校去书包，
你说奇怪不奇怪！

戴老师点评

在小诗人的诗中，一切都是颠倒的。比如，小小蚂蚁会在水中游，小小鱼儿会在天上飞。大树上长西瓜，苹果长在矮草丛。吃牛奶，喝葡萄，还能背着学校去书包。一切不合理的、颠倒的事情集中在一起，就显得特别幽默又可爱。小朋友，体会到颠倒歌的妙处了吗？

给小懒惰画个像

月亮湾小学　新苗文学社　黄文意

从前有个小懒惰，
　爱把懒话说，
穿件衣服多麻烦，
　晚上还得脱。
要是身上长满毛，
　那该多快活。

吃个饭儿也太麻烦，
　烧饭得生火，
吃完还得洗碗筷，
　你说多麻烦。

要是长条大尾巴，
直接就能把水果摇，
　　哈哈，
水果直接往嘴里掉，
　那该有多美。

要是帮小懒惰画张像，

你们说，

他会像什么？

一个浑身长毛的小怪物。

那该有多可怕！

戴老师点评

小诗人通过极度夸张的写法，嘲笑了"小懒惰"的懒，让人忍不住要发笑，让有同样懒惰毛病的小朋友在笑中认识到自己的错误，真是个很好的劝人改正错误的好方法呢！

象征。象征是诗歌的惯用手法。童诗创作的语言是浅显易懂的。对于诗的意象，因为孩子对某些事务的理解力仍不够，难以用浅白的语言构建的意象就需要用象征来表达其中的意思。象征可以使抽象的东西具体化，达到生动、感人的效果。比如，王宜振的《斗笠》。

斗笠

诗 / 王宜振

孩子，戴上这顶斗笠吧，
你便把故乡戴在头顶。
走到哪里，你都是故乡的一朵蘑菇，
娘在梦里也能看见你不斜的身影。

孩子，戴上这顶斗笠吧，
斗笠里有我编进的鸟鸣。
走到哪里，你都能听到来自故乡的声音，
静静的夜晚，鸟鸣会滑进你的梦境。

孩子，戴上这顶斗笠吧，
让这片故乡的热土靠近你的心胸。
走到哪里，你都能采到来自故乡的温暖，
即使寒流侵袭的冬夜，你也会感到春意融融。

孩子，戴上这顶斗笠吧，
让这朵故乡的花儿伴你在闹市穿行。
走到哪里，你都能闻到故乡的芬芳，
让这泥土的芳香拍打城里的每扇窗棂。

孩子，戴上这顶斗笠吧，
你便把一轮月亮戴在头顶。
孩子，它可是娘心尖的一点亮呀，
让它亮在你的头顶，成为一盏不息的灯。

戴老师点评

诗中，母亲一再嘱咐孩子戴上的斗笠究竟象征什么呢？作者未作明示，给读者留下了联想的余地。

下 篇
童│诗
作│品│欣│赏

月亮船

月亮湾小学　新苗文学社　肖一诺

弯弯的月亮，
像只银色的小船，
在银河里漂浮。
你看，
那白白的云朵，
就是月亮船儿激起的波浪。
天空中一闪一闪的星星，
像一盏一盏的小灯笼，
照亮着远行的月亮船。

戴老师点评

小诗人运用神奇的想象，把月亮比作船，把星星比作灯笼，用月亮、星星、天空等优美的意象写出了在空中远行的意境，用月亮行船，有星星做伴，充满了童心童趣。

知县

月亮湾小学　新苗文学社　李青栩

有一天，
我当上了知县。
先拿一张小板凳，
再拿一张小桌子，
上面摆满笔和纸，
嗯，
有点样子。

叫小猫把公文拿来，
叫小狗把犯人押上来，
让小鸟把惊堂木叼上来，
瞧，
我多威风。

妈妈说：
哟，当知县了。
爸爸说：
嗯，加把劲儿。
哥哥说：
来，奖你块糖。

嘻嘻,

我真高兴。

戴老师点评

小诗人描绘了生活中的游戏,诗人幻想着自己威风凛凛地过把当知县的瘾,年纪太小,使唤不了旁人,就只好让小鸟、小猫、小狗当下属了。最后的"嘻嘻",显得小诗人特别可爱,充满童心童趣。

月亮香蕉

月亮湾小学　新苗文学社　宋晓

月亮弯弯，
映在池塘里，
在池塘里投下了一颗月亮香蕉。

小鱼游过来，
抢着吃月亮香蕉，
香蕉碎了，
留下一圈圈的波纹。
打着灯笼的萤火虫看见了，
哈哈大笑，
贪吃的鱼儿，
那是月亮。
小鱼听了，
羞得躲进了草丛。

戴老师点评

小诗人想象力丰富，把月亮比作香蕉，投在池塘的月亮影子成了小鱼抢吃的美食，萤火虫会打着灯笼嘲笑这些贪吃的鱼儿，小鱼还会羞得躲进草丛。当你看到月亮和小鱼时，你会想到这么多有趣的事吗？

月亮船

月亮湾小学　新苗文学社　贺丽帧

弯弯的月亮，

挂在天空，

像只小小的船，

在银河里飘荡。

满天的星星，

一闪一闪，

像一条条银色的小鱼，

在银河里畅游。

美丽的嫦娥姐姐，

坐在月亮船上，

拿着钓竿，

在钓着星星鱼。

戴老师点评

在小诗人眼中，一切都是灵动的，弯弯的月亮像小船，满天的星星是银河里的鱼儿，嫦娥姐姐会坐着月亮船钓星星鱼，多么神奇的想象，大自然的一切都是这么奇妙，让你感到处处都充满了灵气。

小蜈蚣买鞋

月亮湾小学　新苗文学社　黄文意

小蜈蚣呀小蜈蚣，
伤心把泪儿流，
别人都有鞋儿穿，
就他光着脚。
小蜈蚣缠着爸爸，
也要买双鞋，
爸爸带它去鞋店，
难坏了鞋店的小店员，
这么多脚的顾客，
还是第一次见。

戴老师点评

　　小蜈蚣还会去买鞋，小诗人的想象真神奇，问题是这么多脚的顾客，这得需要多少鞋呀，可把店里的小店员为难坏了。这首诗写得很形象、生动、有童趣。多么可爱的小蜈蚣呀！你能想象它穿上鞋子是什么样子吗？

小雪花

月亮湾小学　新苗文学社　申菁

小雪花，
　想妈妈，
　　张开翅膀找妈妈，
　飞到大地妈妈的怀里。
　　小雪花做了个梦，
　　梦中的春姑娘来看它，
　给她带来了满地的小红花，
　彩虹姐姐在空中把手招，
　　小雪花甜甜地笑了，
　融化在大地妈妈的怀抱。

戴老师点评

　　小诗人用拟人的手法，把小雪花当作是寻找妈妈的孩子，梦中的小雪花还梦到了春姑娘的到来，给她带来了满地的小红花，冬天来了，春天就不远了。小诗人是不是在通过小雪花的梦告诉我们春天快来了呢？

冬天的手

月亮湾小学　新苗文学社　黄文意

冬天，
有一双神奇的手。
它把大手一挥，
满天的黄叶漫天挥舞，
树木变得光秃秃的。

冬天，
它有一双神奇的手，
它把大手一挥，
大雪纷纷扬扬，
给大地上的一切，
盖上了厚厚的棉被。

冬天，
它有一双神奇的手，
它把大手一挥，
满树的梅花都笑开了花。

我的手一挥，
怎么，
什么都没有。

戴老师点评

在小诗人眼中,冬天到来,黄叶落地、大雪纷飞、梅花盛开,都是因为冬天有一双神奇的手,小诗人想象力丰富,写出了冬天景物的特点,最后一句"我的手一挥,怎么,什么都没有"充满稚气,读之让人忍俊不禁,富有童心童趣。

绘图:月亮湾小学 五(5)班 董梦圆
绘图指导教师:吴蕊

春天来了

月亮湾小学　新苗文学社　黄培铭

晨光叫醒了风，

风叫醒了树，

树叫醒了鸟，

鸟叫醒了云，

云叫醒了雨，

雨滴落在大海，

海水变蓝了，

洗亮了初升的太阳。

太阳睁大眼睛，

望着树，

望着花，

望着鸟，

到处花花绿绿，

到处热热闹闹，

啊，春天来了。

戴老师点评

小诗人的眼中，晨光会叫醒风，风会叫醒树，树会叫醒鸟，鸟会叫醒云……大自然的万事万物都是有灵性的，写出了春天万物复苏、欣欣向荣的景象，好！

拖鞋

月亮湾小学　新苗文学社　尹浩

爸爸的拖鞋是个大忙人,

整天忙这又忙那。

妈妈的拖鞋是个电视迷,

长得秀气又可爱,

妹妹的拖鞋是个小淘气,

不是蹦来就是跳。

我的拖鞋嘛,

是个小馋猫,

没事就往厨房跑。

戴老师点评

在小诗人眼中,爸爸的拖鞋很忙,妈妈的拖鞋爱看电视,妹妹的拖鞋会淘气,我的拖鞋是个小馋猫。与其说小诗人实在写拖鞋,不如说小诗人是在写自己快乐的一家,诗中有浓浓的生活气息和温度!

夏天的夜晚

月亮湾小学　新苗文学社　闫天乐

夏天的夜晚，
没有了白日的喧嚣，
一切都沉寂下来了。

小鸡一家睡着了，
小牛一家也睡着了，
小羊一家也睡着了。

只有路灯还在摇晃，
只有小河还在流淌，
只有高粱还在拔节。

小孩儿也都睡着了，
在睡梦中露出了甜蜜的微笑。

戴老师点评

小诗人用拟人的手法，描写了夏天夜晚的静。从儿童的视角描写了小鸡、小牛、小羊都睡着了，只有路灯、小河、高粱没睡，更加突出了夜晚的宁静祥和。

春天来了

月亮湾小学　新苗文学社　杨湘君

春天来了，
吹起来小喇叭，
把冬眠的青蛙叫醒了。
春天来了，
小溪妹妹弹起了钢琴，
溪水叮咚叮咚，
清脆的声音把小鱼叫醒了。
春天来了，
柳树姐姐摆动着长长的辫子，
在太阳公公的照射下，
把小河羞红了脸。

戴老师点评

春天来了，吹起小喇叭，唤醒了小青蛙。小溪妹妹竟然会弹钢琴，把小鱼唤醒了……多美的想象，春天到来了，在春天的原野玩耍时，别忘了像小诗人一样仔细观察每一样事物哟！

小鱼的孤独

月亮湾小学　新苗文学社　刘沐岩

阳光照在美丽的沙滩上，
一条孤独的小鱼寂寞地躺在那里。
有谁了解它的寂寞与孤独呢？
远离了同伴，
远离了父母，
它怎么会跑到这静寂的沙滩？
是厌倦了海底的世界，
想跑到外面见见世面。
还是跟爸爸妈妈赌气？
跑出了家门……
现在后悔了吧，
沙滩上的寄居蟹吐着泡泡。

挥舞着大钳，
似乎要驱逐这个外来者。
浅水窝里的小虾，
似乎也在嘲笑这条小鱼的不幸。
这条可怜的小鱼，
被抛弃在这阳光灿烂的沙滩上，
还是小朋友心地善良，

把它放回了波涛汹涌的大海。
小鱼儿在水底吐着泡泡,
似乎在感谢着自己的救命恩人。
嘈杂的海滩又重新归于平静。

戴老师点评

小诗人充满同情、充满想象地描写了一条被海浪冲到沙滩上的小鱼,它是因为厌倦了海底的生活,还是和妈妈吵架了?在小诗人眼中,小鱼也是和自己一样是有情感的,寄居蟹和小虾也是会欺负人的。多么奇妙的想象,多么可爱的笔触。

绘图:月亮湾小学 五(5)班 肖一诺
绘图指导教师:吴蕊

红拖鞋之旅

月亮湾小学　新苗文学社　刘佳惠

美丽的红拖鞋,
被主人遗忘在草地上,
又被小男孩一脚踢进了小河里,
可怜的红拖鞋,
在小河里飘呀飘,
开始了它孤独的旅行,
小水珠跑过来安慰它,
和它热情地交流,
泡沫围着它,
和它一起嬉戏。
小鱼小虾在它身边玩耍,
它不再孤单。
蚂蚁爬到了它的身上,
把它当成了小船,
希望能送它快乐的回家。

戴老师点评

小诗人描写了一只掉进小河的红拖鞋,展开了它的奇遇之旅,它遇到了小水珠、泡沫、小鱼、小虾、蚂蚁等一系列的好朋友,小诗人想象力十分丰富。

变色龙洗澡

月亮湾小学　新苗文学社　黄欣悦

小白鹅用月光洗澡，
把身子洗得白白嫩嫩的。
小猴子用夕阳洗澡，
把小屁股洗得红红的。
变色龙呀变色龙，
你是用彩虹洗澡吗？
洗得身上出现了，
红橙黄绿青蓝紫。

戴老师点评

小诗人想象力丰富，小白鹅的白是用月光洗澡洗的，小猴子的屁股是用夕阳洗澡洗的，小变色龙是用彩虹洗澡吗？最后一问，更使人读之忍俊不禁。

不爱读书的树叶

月亮湾小学　新苗文学社　李炜涛

月光照耀着树梢
安静、柔和
这可正是读书的好时候
一片爱读书的树叶
在微风的提醒下
摇头换脑地
像在研究月文
风老师一走
这片爱读书的树叶
悄悄睡着了
风老师一来检查
它摇头换脑
读得可起劲了
我说
你就不能不要风老师的提醒
读书自觉点吗

戴老师点评

　　小诗人从生活中取材,把现实生活中风吹树叶,树叶摇动这一自然现象与不爱读书的孩子联系起来,把它们比作在老师面前装模作样的调皮孩子,充满童心童趣。

爱喝酒的太阳

月亮湾小学　新苗文学社　张绮桐

太阳公公，
为什么总见你从东方升起，
从西边落下，
为什么你总不回家？
这样可不好。
是不是像我爸爸一样喜欢喝酒，
一定是这样，
看你脸红得像个大苹果，
醉倒在山腰，
下次可别这样了，
不然月亮婆婆也会像我妈妈一样，
不让你进家门的。

戴老师点评

在小诗人的眼中，太阳是喝醉酒的爸爸，会醉倒在山腰；月亮是"妻管严"的妈妈，还会把太阳关在门外。生活气息浓厚，充满了温馨和任性，童趣十足，赞！

小金鱼

月亮湾小学　新苗文学社　肖一诺

我家的金鱼缸里，
长着很多爱臭美的小金鱼。
总是穿着大红的袍子，
在水里一摇一摆，
在玻璃缸前照来照去，
这得意的样子，
在向我显摆吗？
看你嘴一张一合的，
似乎想跟我说点什么，
可惜我不懂你的语言，
不然我要告诉你，
做鱼也要低调，
别太招摇，
要当心金鱼缸旁边，
那时常偷窥的小花猫。

戴老师点评

小诗人用童稚的语言，好像在跟小金鱼说着悄悄话，叫它不要招摇，不要骄傲，要当心旁边那偷窥的小花猫，写出了小诗人的闲情逸致，逗弄小金鱼，极具生活气息，赞！

玫瑰花的故事

月亮湾小学　新苗文学社　肖羽

春天来了，
百花盛开。
小小的玫瑰花，
骄傲地在群花里怒放。

阳光下，
小蜜蜂飞来了，
给它唱起了好听的歌。
小蝴蝶飞来了，
给它跳起了美丽的舞。

小蜜蜂是花丛中最出色的歌唱家，
小蝴蝶是花园里最美的舞蹈家。
有这么两个好朋友，
那小小的玫瑰花呀
骄傲得脸都红了。

戴老师点评

在小诗人眼中，小蜜蜂会歌唱，小蝴蝶会跳舞，小玫瑰花像骄傲的公主，她们相亲相爱，令人羡慕。它们都是有情感的，它们都是具有生活情调的，写出了小诗人对大自然的热爱。

后记·诗教之路

从事童诗教学与创作研究，纯属偶然。当时，接到学校任务，要在三年级成立文学社，我毫不犹豫地接受了任务，但心里却是有些踌躇的。三年级的孩子对文学创作来说相当于一张白纸，我该在这张白纸上给他们描绘些什么颜色呢？我该给这些稚嫩的孩子以什么样的文学启蒙呢？苦苦思索中，突然灵光一闪，童年的记忆如同开了闸的水，源源不断地涌了出来。

月光下的庭院中，几张竹床并排摆放着。那时不像现在有电视节目可看，晚饭过后，一家人躺在竹床上乘凉，时不时天南海北地聊天。而我总喜欢缠着奶奶给我读童谣，在凉凉的夜色中，面对着满天的星星，在奶奶呢喃细语中安然入睡，至今想起，那是一件多么令人惬意而温暖的事。在童谣陪伴下长大的我，在四十年后的今天，依然对童谣有一种难以言说的情感，回首童年的记忆，永远难以忘记。

我是在童诗的吟诵中长大的，奶奶的无心之举，为我开启了幼年的诗教之路。没有教孩子写童诗的经验，我边指导边探索，和孩子一起阅读了大量的童诗，在陪着孩子们阅读童诗的过程中，我们共同成长。尝试指导孩子进行童诗创作之外，我带着孩子从阅读开始，从模仿开始。往往前半堂课带领孩子阅读、欣赏童诗，下半堂课让孩子们尝试仿写童诗，没想到孩子们兴趣特别浓厚，难怪说孩子是天生的诗人。为了激发孩子们持续写作的欲望，我在学校网站上开辟了一块栏目，专门发表文学社的孩子们的优秀作品，并建立了新苗诗社QQ群，把孩子们的优秀诗作发在群里，也把一些优秀作品推荐给了特区教育《我的童年我的诗》栏目。当看到孩子们的诗发表在《特区教育》和《青少年报》上，我和孩子们一样的兴奋。在童诗教学研究的过程中，有一批和我一样对童诗有着浓厚兴趣的老师们也加入了童诗教学的行列。如何更有效地开发童诗教学，让更多的学生写出更多的优秀诗作来，我和同事们申报了《童诗教学和创作》的课题研究，被深圳市南山区科技局评为南山区重点课题，在课题研究的过程中，我们得到了南山区科技局刘治刚所长、南山区教研室高乃松主任及教育局督导室杜锡群和倪敏强两位校长的大力支持与帮助，我在此再次向他们表示深深的感谢。

在童诗教学与探索的课题研究过程中，我们也遇到了很多的困难，有关童诗的理论方面的书籍很少，能提供给孩子们发表的刊物也很少。况且，国内大部分学校的童诗教学只在部分学校的第二课堂或文学社开展，受益的儿童不多，参与的教师也不多，共同研讨的机会也不多。这样对童诗教学实践和创作研究是非常不利的。诗教之路虽然有些艰难，但还是得到了学校领导倪树才校长等人的大力支持。学校领导的助力，教研室领导的助力，加上孩子们对童诗的喜爱，是我坚持童诗教学的动力。可喜的是，童诗教学越来越受到关注，越来越多的一线教师开始关注童诗，也开始投入到童诗的教学与创作中来，这是孩子们的福气。

童诗虽如开在寂寞庭院的一朵小花，柔弱而顽强地默默开放。但请相信童诗这朵小花，必会以它自身独特的魅力，在儿童文学的庭院中散发出更加迷人的芳香。

戴灿辉

参考文献

[1] 金波. 金波论童诗[M]. 北京：海豚出版社，2014.

[2] 圣野. 圣野童诗创作理念与实践研究[M]. 杭州：浙江大学出版社 2014.12.

[3] 蒋枫. 外国儿童文学教程[M]. 杭州：浙江大学出版社，2012.9.

[4] 李黎. 诗与美[M]. 杭州：浙江文艺出版社，1988.07.

[5] 朱光潜. 诗论[M]. 上海：华东师范大学出版社.2017.

[6] 钱志熙，刘青海. 诗词写作常识[M]. 北京：中华书局 2013.12.

[7] 唐圭璋，钟振振. 宋词鉴赏词典[M]. 北京：商务印书局国际有限公司 2011.8.

[8] 管建刚. 我的作文教学革命[M]. 福州：福建出版社 2006.4.

[69] 张丽明. 发展性评价层次表在高中叙述类文本写作中的开发和运用[J]. 中学语文（教师版），2013(08).

[10] 王振波. 浅谈发展性评价在小学作文教学中的运用[J]. 吉林画报（学术版），2013.